Magisches Entrümpeln

Ulrike Ascher

Magisches Entrümpeln

Die ultimativen Tipps
zum richtigen Sammeln
und Loslassen

LUDWIG

Inhalt

Vorwort

Jeder Mensch hat ein anderes Ordnungsempfinden. Was der eine als gemütliches Chaos betrachtet, ist für den anderen ein nervtötendes Durcheinander.

Ob im Haus, am Arbeitsplatz oder im Auto – schon gibt es Krach: zwischen Eltern und Kindern, Männern und Frauen, Kollegen und Freunden. Zu allem Überfluss versprechen uns hilfreiche Bücher, alles sei – im wahrsten Sinne des Wortes – in Ordnung, wenn wir nur endlich lernten, mit vollen Händen wegzuwerfen; denn im Grunde brauche der Mensch nicht viel: ein Dach über dem Kopf, etwas zu essen und etwas anzuziehen. Was eigentlich zählt, sind unsere Beziehungen zu anderen Menschen.

Also fort mit dem Nippes, weg mit den Erinnerungsstücken an sorglose Urlaubs- oder glückliche Kindertage. Haben wir uns von dem Ballast endlich getrennt, können wir schließlich alle stromlinienförmig glücklich sein. Dabei ist es vollkommen einerlei, ob wir in Mailand leben oder in Kopenhagen: Die minimalistischen Designerwohnungen und durchgestylten -büros sehen sowieso überall gleich aus. Auch die großen Hotelketten haben sich dem angepasst. Sie bieten auf der ganzen Welt den gleichen Look an und ersparen so dem gestressten Manager die Anpassung an ceylonesische Bambushütten und irische Cottages.

Alles wäre in bester Ordnung und vollkommen aufgeräumt. Nur seltsam, dass viele von uns – heimlich und mit schlechtem Gewissen – doch noch das eine oder andere Familienfoto aufbewahren oder eine Muschel vom Strand in Madagaskar. Und so gar nicht ins Bild wollen die Menschen passen, die, von einem herrlichen Sammelsurium persönlicher Dinge umgeben, unbekümmert weitersammeln und sich dabei auch noch rundherum wohl fühlen.

Betrachten wir die Menschen als materielle und als spirituelle Wesen, so gibt es zwei Charaktere. Einerseits die Weniger-ist-mehr-Menschen: Sie sind mit nichts auf die Welt gekommen und können nichts mitnehmen. Wozu also unnützes Zeug ansammeln, wenn es doch um nichts anderes geht als um Seelenheil und Nirwana. Auf der anderen Seite die Verwurzelten: verwurzelt in der eigenen Geschichte, im Land, in dem sie leben, und in der Verbindung zu der Energie, die sie mit unserem Planeten verbindet. Sie leben hier nicht nur als glückliche Geistwesen, sondern haben einen Körper, in dem sie sich – mehr oder minder – zu Hause fühlen. Sie haben also bereits den Weg des Ballasts gewählt.

Sehen Sie sich Ihr mehr oder weniger belastetes Erdenleben einmal genauer an. Schon beim ersten Hinsehen bekommen Sie mit Sicherheit sehr unterschiedliche und vermutlich auch widersprüchliche Eindrücke. Einerseits gehen Ihnen Ihre persönlichen Stapel vermutlich auf die Nerven, während Sie jedoch andererseits ganz gerne daran festhalten möchten. Sie könnten ja etwas Entscheidendes verpassen oder ein wichtiges Stück Papier wegwerfen.

Oder Sie ärgern sich über die Unordnung, da es sich dabei gar nicht um Ihren eigenen Krempel handelt, sondern um eine Spur von schmutziger Wäsche, Spielzeug oder anderen aufräumbaren Dingen, die Ihre Familienangehörigen oder Mitbewohner hinter sich lassen. Sie sind es leid, über Berge von Dingen zu stolpern, und wünschen sich, die anderen würden endlich so aufräumen, wie Sie es sich vorstellen.

Oder Sie wünschen sich einfach mehr Gelassenheit beim Anblick von Krempelhaufen. Möglicherweise fühlen Sie sich auch unwohl, weil es Ihren vier Wänden an Wärme, Geborgenheit und Verwurzelung fehlt. Nur können Sie sich nicht recht vorstellen, woran das liegen könnte.

Wenn Sie beim Gedanken an zu viel oder zu wenig Krempel von Panik ergriffen werden, dann ist es Zeit herauszufinden, wer in Ihrem Leben für die Krempelberge oder die gähnende Leere zuständig ist. Die gute Nachricht ist, dass Sie es selbst in der Hand haben, was, wo und wie viel Sie aufräumen wollen oder was Sie herumliegen lassen.

Soweit die gute Nachricht. Die nicht ganz so gute bedeutet, dass Sie damit die Verantwortung für Ihren Lebensbereich selbst tragen. Sie können natürlich überlegen, welcher Ihrer Vorfahren Sie mit Ihrem persönlichen Aufräumfimmel oder Ihrer Sammelleidenschaft ausgestattet haben könnte. Weit werden Sie damit allerdings nicht kommen. Denn Ihre Ahnen sind nicht in Ihren vier Wänden zu Hause und können folglich weder zu Aufräumarbeiten herangezogen werden noch Ihre Erinnerungs- und Sammelstücke in Ihren vier Wänden energetisch an den richtigen Stellen platzieren.

Sie sind also mit sich und Ihrer Umgebung allein – trotz möglicher Mitbewohner oder Ihrer Familie. Ihre Einstellung hängt von Ihren ureigenen Entscheidungen ab, denn spätestens ab Mitte zwanzig sind Sie selbst dafür zuständig, Ihr Leben zu gestalten. Nehmen Sie Ihr zukünftiges Leben also in die eine Hand und dieses Buch in die andere, und beginnen Sie damit, Ihre Umgebung neu einzurichten.

Bevor Sie jetzt aber alle Ihre Schmeiß-weg-und-werde-glücklich-Bücher zum Altpapier bringen oder Tante Elfriedes gutes Service für den nächsten Polterabend zur Verfügung stellen: Wissen Sie wirklich, welche Art von Ordnung oder Chaos Sie persönlich brauchen? Falls Sie auf diese Frage nicht spontan und überzeugend mit »Ja« antworten, dann lesen Sie dieses Buch, und Sie werden es herausbekommen.

Ulrike Ascher

1

Leben im Überfluss

Viele Menschen fühlen sich umso sicherer, je mehr sie sich mit Dingen umgeben, Besitz, Wissen und Versicherungen anhäufen. Doch diese Sicherheit ist nichts anderes als Illusion.

Schauen Sie sich mal in Ruhe in Ihrem Wohnzimmer um. Falls Sie sich gerade woanders aufhalten, denken Sie sich für einen Augenblick dorthin und lassen im Geiste Ihren Blick kreisen. Ihre Wände sind ziemlich sauber gestrichen – ignorieren Sie einfach den Fleck, den Ihr Jüngster neulich mit seinen Schokoladenfingern hinterlassen hat und der sich einfach nicht entfernen lässt. Der Raum ist beleuchtet, Sie haben Elektrizität. Im Winter sind Sie von schützenden Wänden umgeben, leben in beheizten Räumen und können es sich gemütlich machen. In Ihrem Wohnzimmer stehen einige Sitzmöbel und ein Tisch, auf dem Boden liegt ein Teppich – und vielleicht finden sich das eine oder andere Andenken von einer Reise, diverse Glückwunschkarten vom letzten Geburtstag oder ein gemaltes Bild von Ihren Kindern, Nichten, Neffen oder Enkeln.

Das Gleiche stellen Sie in Ihrer Küche, in Ihrem Bad oder in Ihrem Schlafzimmer fest: Sie leben mitten im Überfluss. Und das gilt nicht nur für die Gegenstände, mit denen Sie sich umgeben, sondern ebenso für die Kenntnisse, Fähigkeiten und Möglichkeiten, die Ihnen zur Verfügung stehen.

Wer keine Sorgen hat

Falls Sie an dieser Stelle stutzen, schauen Sie noch einmal genau hin. Und vergleichen Sie Ihre Einrichtung mit dem, was Ihre Nachbarn besitzen – von den neureichen Ewings im schicken Penthouse bis zur Großfamilie in der Sozialwohnung. Gleichgültig, ob Sie sich bequem auf Ihrem Designersofa zurücklehnen oder auf einem Billig-Futon sitzen – zumindest haben Sie etwas zum Sitzen. Das unterscheidet Sie – und fast alle Bewohner der westlichen Welt – von vornherein grundlegend von der Mehrheit der Bevölkerung dieses Planeten. Die meisten Menschen haben es in diesem Augenblick nicht so bequem wie Sie. Und mit Sicherheit machen sich diese Menschen keine Gedanken übers Aufräumen. Denn wer mit der Beschaffung des Allernötigsten und mit dem nackten Überleben beschäftigt ist und höchstens den Inhalt einer Plastiktüte sein Eigen nennt, kennt dieses Problem nicht.

Sie haben es also beim Aufräumwahn mit einer Krankheit der Reichen zu tun. Schütteln Sie nicht den Kopf, auch Sie gehören dazu. Schließlich hatten Sie genügend Geld übrig, um dieses Buch zu kaufen. Folglich sind Sie wirklich nicht im Begriff zu verhungern. Warum horten Sie dann aber, als ginge es um Ihr Leben? Ich vermute einmal, Sie bekommen hin und wieder einen Anfall von Aufräumwut und schmeißen weg, was das Zeug hält – nur um am folgenden Tag wieder mit dem Hamstern anzufangen.

Ganz ohne geht's auch nicht

Wären Sie ein Ureinwohner Australiens oder Afrikas, würde Ihre Habe in einen kleinen Ledersack passen, den Sie am Gürtel tragen. Sehr spartanisch für hiesige Verhältnisse, finden Sie? Stimmt, aber schließlich braucht sich, wer in Zentralafrika lebt, in Indonesien oder Hawaii, um Frostbeulen keine Sorgen zu machen. Er muss sich höchstens darum kümmern, ob das Palmwedeldach seiner Hütte dem nächsten Regen standhält. Sie aber benötigen tatsächlich mehr als eine kleine Schilfhütte ohne Tür. Genießen Sie also getrost Ihre festen Wände, ohne deshalb gleich von einem schlechten Gewissen geplagt zu werden.

Auch die Beschaffenheit Ihrer Kleidung ist zwangsläufig eine andere als die eines Tropenbewohners. Bei Temperaturen weit unter dem Gefrierpunkt könnten Sie zwar Ihren Geist über die Materie triumphieren lassen und trotz schneidender Kälte leicht bekleidet durch die Straßen gehen. Sollten Sie diesen Grad der Erleuchtung und Heiligkeit jedoch noch nicht erreicht haben, sind festes Schuhwerk und genügend warme Bekleidung vorzuziehen. Wobei der Begriff »genügend« sicher genauer betrachtet werden könnte, ebenso die Art der Kleidung. Denn warum sollte das Tier, das für Ihre warmen Schuhe sein Fell gegeben hat, weniger schützenswert sein als der Leopard, der für den Haute-Couture-Mantel sein Leben lassen musste?

Und schon ist die Wohnung voll

Und weiter geht es mit Ihrem Essen. Da Sie auf Ihrem Balkon oder im Blumenkasten am Fenster keine ausreichenden Mengen Gemüse und Obst züchten können, um Ihre Familie damit zu versorgen, benötigen Sie einen Markt, ein Geschäft oder einen Supermarkt, um sich mit dem Nötigen zu versorgen. Folglich sind Menschen nötig, die dort arbeiten. Sofern Sie nicht zu Fuß gehen, benötigen Sie Fortbewegungsmittel, um dorthin zu kommen. All diese Dinge brauchen Unterhalt und Pflege. Für jeden Gegenstand, den Sie im Hause haben, brauchen Sie weitere, um diesen gebrauchsfertig zu halten: Wenn Ihre Kleidung beschädigt ist, greifen Sie zu Nadel und Faden; zum Kochen benötigen Sie einen Herd und entsprechende Gerätschaften, um Ihre Nahrung zuzubereiten. All diese Dinge müssen gesäubert und instand gesetzt werden; dazu sind erneut eine Reihe von Dingen vonnöten. Und so weiter. Im Nu haben Sie einen beachtlichen Haushalt zusammen. Hinzu kommen die Dinge, die Sie für die Seele brauchen: Urlaubsfotos, Mitbringsel, Geschenke von Freunden, Kindern und Verwandten. Und schon sind Ihre Schränke voll.

Wer besitzt, ist sicher

Die meisten Menschen klopfen sich innerlich auf die Schulter, wenn sie etwas weggeben. Schließlich haben sie sich dadurch als wahrhaft spirituelles Wesen erwiesen und sich von weltlichen Gütern getrennt. Sie haben die Materie besiegt.

Vermutlich haben auch Sie schon mehr als einmal ausgemistet. Vielleicht anlässlich eines Umzugs in eine neue Wohnung oder als Sie mit jemandem zusammengezogen sind. Sie haben sich von den Dingen getrennt, von denen Sie annahmen, dass Sie sie nicht mehr brauchen – nur um später festzustellen, dass Sie sie sich noch einmal kaufen mussten, weil Sie genau diese Knoblauchpresse oder den besonders praktischen Spaghettilöffel doch vermissen.

Nur gut, dass es Geschäfte gibt, in denen Sie jederzeit alles wieder nachkaufen können, was ähnlich überlebensnotwendig ist wie der Spaghettilöffel. Das spirituelle Wesen ist folglich zu keiner Zeit in Gefahr, auf die wichtigen Dinge des Lebens verzichten zu müssen. Allerdings hat es nichts mit wirklicher Großzügigkeit und echtem Verzicht zu tun, etwas fortzugeben, das Sie an der nächsten Ecke problemlos kaufen können. Damit wird das Aufräumen und Weggeben zu einer Übung, die nichts mit echter Askese oder wirklicher Not zu tun hat. Sie folgen lediglich den Gesetzen der Konsumgesellschaft. Wenn Sie weniger Papier verbrauchen wollen, dann verzichten Sie in Zukunft auf die heiß geliebte Morgenzeitung und hören stattdessen lieber Radio. Oder Sie verabschieden sich vom Rauchen, vom Alkohol – oder vom Andenkenhorten.

Hast du was, bist du was

Menschen der Industriewelt unseres Jahrhunderts kennen keinen echten Mangel. Wir haben alle wesentlichen Dinge, die zum Überleben wichtig sind. Niemand von uns läuft täglich mehrere Kilometer, um einen Eimer Wasser zu holen oder einige karge Früchte zu ernten. Hunger und Durst erleben wir nur unmittelbar, bevor wir zum Essen gehen oder eine eisgekühlte Limonade öffnen. Auch die Überlegung »räume ich auf und schmeiße ich weg« ist ein Luxus der Überflussgesellschaft, genauso wie das Horten von Gegenständen, die man eigentlich gar nicht braucht.

Der Konsumdruck, den wir täglich erleben, ist bei der Thematik »Aufräumen, Verwurzeln und Wie-viel-ist-genug« eine Erschwernis. Täglich werden wir mit Konsum konfrontiert, sei es durch Werbeplakate, Fernseh- und Radiowerbung, Filme oder Serien. Uns allen spukt das Sprichwort »Haste was, biste was« im Kopf herum. Wenn Sie das richtige Auto fahren, die richtigen Klamotten tragen und sich mit sonstigen Statussymbolen schmücken, gehören Sie dazu. Das gilt nicht nur für die FahrerInnen von BMW und Benz, sondern genauso für die so genannten Alternativen. Sie werden sich damit schwer tun, einen Esoteriker in Nadelstreifen oder eine AKW-Gegnerin im schicken blauen Kostüm und auf hochhackigen Pumps zu finden.

So betrügen wir uns selbst

Sicherheit in allen Lebenslagen verheißt uns die Versicherungsindustrie. Alles, was wir dazu brauchen, ist, eine Lebens-, Hausrat-, Unfall- und XY-Versicherung abzuschließen. Zwar haben wir dann lediglich ein Stück Papier in der Hand (und wovor hätte Papier schon jemals geschützt?), dennoch: Irgendwie hat man ein sicheres Gefühl. Die Versicherungsbranche floriert. Als Versicherungsangestellte/r brauchen Sie sich also um Ihren Arbeitsplatz keine Sorgen zu machen – der Angst der Menschen sei Dank.

Allerdings ist der Nutzen der Versicherungen durchaus nicht zweifelsfrei bewiesen. Ein Beispiel ist die Hausratversicherung. Nehmen wir mal an, Sie haben in Ihrem Keller nach Herzenslust gehortet. Eines Tages tut Ihnen das Universum einen großen Gefallen: In Ihrem Keller platzt ein Wasserrohr. Alle Dinge, die Sie seit Jahren dort unten gesammelt – und nie gebraucht – haben, landen jetzt auf dem Müll. Schade, dass sie nur noch zum Schreddern gut sind. Aber zumindest haben Sie sie nicht mehr am Hals. Anstatt sich jedoch darüber zu freuen, rufen Sie stehenden Fußes bei der Versicherung an. Das Geld aus dem Schadensfall muss schnellstens wieder ausgegeben werden – für lauter Sachen, die Ihnen ungeheuer wichtig erscheinen. Falls Sie gerade in so einer Lage sind: Halten Sie inne. Kaufen Sie nicht gleich alles nach. Sie werden das meiste davon vermutlich sowieso nicht brauchen. Gehen Sie erst die Übungen im Buch durch. Und kaufen Sie anschließend, und zwar das, was Sie tatsächlich benötigen. Sehen Sie sich auch Ihre anderen Versicherungen an. Letztlich schützen sie Sie vor gar nichts. Egal, wie gut Sie zum Beispiel krankenversichert sind, eine Gesundheitsgarantie bekommen Sie dadurch nicht, höchstens einen bequemen Krankheitsfall. Und wie Sie gesund bleiben, erfahren Sie dadurch bestimmt nicht.

Unsichere Sicherheit

Tatsächlich gibt es im Universum keine Sicherheiten. In gewisser Weise haben Sie einen Vertrag geschlossen, den Sie hier auf dem Planeten abarbeiten. Vermutlich haben Sie ihn allerdings, wie die meisten von uns, gleich nach Ihrer Geburt vergessen und folgen nun mehr oder weniger erfolgreich Ihren Eingebungen. Vielleicht glauben Sie auch an Kismet, göttliche Vorbestimmung oder Karma. Gleichgültig, ob es eine Vorbestimmung gibt oder nicht und ob Sie daran glauben oder nicht: Sie haben trotz allem jederzeit selbst die Verantwortung für Ihr Leben. Diesem unerkannten Plan zu folgen, sich darauf einzulassen – ohne göttliche Versicherungspolice – erfordert Vertrauen. Vertrauen darauf, dass sich die Dinge schon gut entwickeln werden. Sie haben nur begrenzten Einfluss auf das, was tatsächlich geschieht, aber Sie haben in der Hand, wie Sie darauf reagieren.

Damit ist Vertrauen das genaue Gegenteil von Sicherheit. Denn Sicherheit bedeutet Kontrolle: Dazu ist die Gewissheit nötig, dass Sie alles und jeden in Ihrer Umgebung bestimmen können. Wenn Sie also in Ihren vier Wänden sitzen und sich endlich von Ihrem Krempel befreien wollen, geben Sie damit auch einen Teil der vermeintlichen Sicherheit auf. Das wird Ihnen leichter fallen, wenn Sie sich bewusst machen, dass diese Sicherheit nichts weiter als eine Illusion ist. Wovor sollte Sie der dritte Satz Kaffeegeschirr schützen?

Vertrauen entwickeln

Vielleicht wäre unser Leben viel einfacher, wenn wir nicht mehr so viele Gegenstände um uns herum hätten. Denn alle bedürfen der Aufmerksamkeit und Pflege. Wie ein Traum erscheint im Vergleich damit das sorglose Leben auf einer Insel in der Südsee: Mit Palmenwedeln wird uns in der Hängematte Luft zugefächelt, und die reifen Früchte wachsen uns in den Mund. Doch würden wir alle glücklich unter Palmen liegen, wäre die Südsee ein Riesenslum. Denn angesichts der Milliarden von Menschen auf unserem Planeten ist dieser Traum nicht für alle durchführbar – abgesehen davon, dass es vielleicht gar nicht jeden in die Südsee zieht.

Andere träumen davon, mit dem magischen Winken eines Zauberstabes werde alles leichter, und sind auf der Suche nach einem Ritual. Magie als Instantlösung – so, als würden sie mal schnell eine Tütensuppe anrühren, anstatt ein richtiges Gericht zu kochen. Damit sollen sich alle Liebesprobleme lösen oder ER oder SIE für immer an sie gebunden werden.

Doch egal, wie viel Sie wegschmeißen, gleichgültig, wie viele flotte und zauberhaft bunte Rituale Sie auch durchführen: Es wird Ihnen nicht gelingen, Ihre Umwelt in nett überschaubare Bereiche einzuordnen und für jedermann verständlich zu machen. Entscheidend ist, dass Sie sich auf das Leben einlassen und es sein lassen, wie es ist. Das klingt reichlich platt, ist aber vermutlich die schwerste Aufgabe, die Sie jemals im Leben zu meistern haben. Sie brauchen dafür eine gehörige Portion Humor, denn Sie stellen sich mit Sicherheit mehr als einmal selbst ein Bein – von den Störversuchen Ihrer Mitmenschen mal ganz abgesehen.

Lernen Sie, darauf zu vertrauen, dass alles, was für Sie wichtig ist, von ganz alleine zu Ihnen kommt. Verzichten Sie doch mal auf die täglichen Nachrichten aus der Zeitung oder auf Fernsehen und Radio. Wenn Sie das nervös macht, weil Sie das Gefühl bekommen, nichts mehr im Griff zu haben: Arbeiten Sie unbedingt mit den Übungen zum Loslassen – oder besser Seinlassen (ab Seite 17).

Wissen als Schutz

Um bei dem Beispiel der Nachrichten zu bleiben: So mancher Infojunkie fühlt sich erst gut informiert, wenn er eine Zeitung durchgearbeitet und mindestens eine Abendnachrichtensendung gesehen, zwischendurch noch Berichte im Autoradio gehört oder eine Zeitschrift beim Zahnarzt gelesen hat. Möglicherweise haben Ereignisse, die sich in der Ferne abspielen, auch auf Sie eine Auswirkung. Doch wird Ihnen all das Wissen mit großer Wahrscheinlichkeit nichts bei der Bewältigung dessen helfen, was sich genau vor Ihrer Nase oder in Ihrem eigenen Leben abspielt.

Es stellt sich also die Frage, wozu wir die Flut an Nachrichten überhaupt brauchen. Die Antwort lautet: aus Gründen der Sicherheit. Wir glauben, wenn wir nur genügend Wissen angesammelt haben, passiert um uns herum nichts, was wir nicht irgendwie in den Griff bekommen können. Als würde uns unser Wissen schützen. Das klappte schon bei der Krankenversicherung nicht, wieso sollte es in diesem Fall funktionieren?

Sicher im Netz der Energien

Wir kommen in unserem Alltag keinen Deut besser zurecht, wenn wir wissen, wie die Ernte in Burkina Faso ausgefallen ist. Das heißt nicht, dass wir uns jetzt innerlich wieder auf unsere Palmeninsel zurückziehen sollen. Doch aus sicherer Entfernung zuzusehen und lediglich über den Hunger in Afrika zu diskutieren ist etwas völlig anderes, als Mitverantwortung zu tragen und entsprechend zu handeln.

Deshalb unserer Verantwortung für uns selbst und für unsere Mitgeschöpfe gänzlich aus dem Weg zu gehen, ist damit nicht gemeint. Falls Sie das vorhaben, können Sie sich jegliche magische Arbeit gleich sparen. Wer sich einmal in die Kräfte des Universums einklinkt, ist damit mitten drin im Netz der Energien und kann nicht so tun, als ginge ihn der Rest der Welt nichts an. Dieses Energienetz ist auch die einzige Sicherheit, die wirklich zählt. Solange wir hier eingebunden sind und weder den Boden unter unseren Füßen verlieren noch die Verbindung zur heiligen Lebenskraft aufgeben, sind wir tatsächlich sicher. So sicher wir eben in diesem Leben sein können.

Übung: Verwurzelung

Wer gut verwurzelt und geerdet ist, braucht sich auch in stürmischen Zeiten keine Sorgen zu machen. Egal, was Sie auch vorhaben, beginnen Sie am besten mit dieser Übung für eine störungsfreie »Leitung« zu Ihren Ahnen.

Sie behalten den Boden unter den Füßen, wenn Sie im Hier und Jetzt verwurzelt sind. Das setzt ein Wissen um Ihre Vorfahren und über die Geschichte des Ortes, an dem Sie leben, voraus. Fangen Sie am besten gleich damit an.

Erinnern Sie sich an Ihren Heimatkundeunterricht während der Schulzeit zurück: Dort haben Sie etwas über Ihre nächste Umgebung erfahren, über Land und Leute, Pflanzen und Tiere, Geschichte und Geschichten. Knüpfen Sie daran an, und gehen Sie in Ihre örtliche Bibliothek. Sicherlich finden Sie dort Material über die Gegend, in der Sie leben. Wenn Sie noch mehr wissen wollen, forschen Sie ruhig ein bisschen in der Familiengeschichte nach. Fragen Sie Verwandte, lesen Sie die Eintragungen in Stammbüchern, Familienbibeln und anderen Quellen, die Ihnen einfallen. Nehmen Sie das Ganze aber nicht zu ernst. Wenn Ihnen das Entdecken Spaß macht, dann toben Sie sich aus; falls Sie aber keine rechte Lust zu dieser Reise haben, dann belassen Sie es bei ein paar Stichproben. Falls Ihnen später der Sinn danach steht, werden Sie noch Gelegenheit dazu haben, sich intensiver mit diesen Bereichen zu beschäftigen.

Machen Sie hier als Erstes die Bekanntschaft mit Ihren Ahnen. Sie brauchen dafür keinerlei Zutaten oder Vorbereitung, sondern nur ein Stück Papier. Schreiben Sie auf, an welche Verwandten Sie sich erinnern. Suchen Sie sich den Vorfahren aus, der für Sie am interessantesten ist oder den Sie am liebsten mögen. Sie müssen ihn oder sie übrigens noch nicht einmal persönlich getroffen haben.

Suchen Sie sich einen ruhigen Ort, an dem Sie es sich bequem machen können, und setzen Sie sich dort hin. Schließen Sie die Augen, und atmen Sie ruhig durch. Wenn Sie Geräusche wahrnehmen, zum Beispiel Autos oder Nachbarn, lassen Sie diese an sich vorüberziehen, ohne sich mit ihnen zu beschäftigen. Das Gleiche gilt für Gedanken, die Ihnen durch den Kopf gehen. Wenn ein wichtiger Gedanke dabei ist, werden Sie sich auch zu einem späteren Zeitpunkt daran erinnern.

Stellen Sie sich nun vor, der oder die Verwandte steht vor Ihnen. Nehmen Sie die Gegenwart dieser Person wahr, unwichtig, ob als reale Gestalt oder nicht. Fragen Sie als Erstes, ob sie mit Ihnen in Verbindung treten will oder ob eine andere Person Sie zu unterstützen wünscht.

Sprechen Sie mit Ihrem Gegenüber, wenn Sie Fragen haben, ohne allerdings gleich die ganz großen und weltbewegenden Fragen zu stellen. Denn Sie sollten bedenken: Jedes Wissen, das Sie mitbringen, führt dazu, dass Sie entsprechend verantwortlich damit umgehen. Seien Sie also vorsichtig, worum Sie bitten. Falls Sie zum Beispiel danach fragen, welche Aufgabe Sie für Ihre Familie in diesem Leben haben, können Sie hinterher nicht so tun, als hätten Sie nichts gewusst. Sprechen Sie beispielsweise über Ihren Wunsch nach Veränderung, und fragen Sie, was Sie an die Stelle der Unordnung setzen können.

Wenn Sie mit dieser Zwiesprache fertig sind, verabschieden und bedanken Sie sich und lassen Ihren Verwandten in Ihrer Wahrnehmung verblassen.

Anschließend werden Sie sich wieder Ihres Körpers bewusst und bewegen kraftvoll Ihre Hände und Füße. Öffnen Sie die Augen.

Sie können diese Übung auch in einem magischen Kreis durchführen, falls Sie sich nicht ganz sicher sind, ob aus Ihrer Vergangenheit nicht vielleicht doch das eine oder andere Familiengespenst aufsteigen könnte. Wenn Sie sich sicherer fühlen, ist der Kreis eine gute Idee. Informationen und Anleitungen zum Magischen Kreis finden Sie im Anhang auf Seite 132.

Gerümpeltypen wie Sie und ich

Ob Sie gerne wegwerfen oder eher zu den Sammlern gehören, hängt ganz von Ihrer persönlichen Eigenart ab. Um alte Muster durchbrechen zu können, sollten Sie zunächst einmal mehr über Ihr Sammelverhalten herausbekommen.

Bestimmt haben Sie sich schon einmal gefragt, warum Sie eigentlich manche Gegenstände für wichtig halten und andere für unwichtig; warum Sie einige, ohne mit der Wimper zu zucken, weggeben, andere jedoch mit Zähnen und Klauen verteidigen. Weshalb Sie beispielsweise das Bonbonpapier wegwerfen und den Inhalt behalten.

Auf den ersten Blick könnte man meinen, dies sei eine dumme Frage. Bei genauerer Betrachtung aber wird Ihnen klar werden, das die künstliche Bonbonmischung aus Zucker und Farbe, die Sie Ihrem Magen zumuten, für Ihr Wohlergehen ebenso wenig förderlich ist wie das bunte Papier, das sie umgibt. Mit dem Stück glitzernde Folie könnten Sie zum Beispiel einen alltäglichen Gegenstand verschönern; oder sie schenken es einem Kind oder verwenden es als Teil einer Vogelscheuche auf dem Balkon oder im Garten. Ich meine damit nicht, dass Sie von nun an Ihren Müll nach brauchbaren Stücken für Ihre private Krimskramssammlung durchforsten sollen.

Festhalten und Seinlassen

Wer etwas besitzt, hält etwas fest. Wenn Sie ein Bankkonto besitzen, haben Sie Geld festgelegt. Sie hocken sozusagen drauf. Auch wenn Sie theoretisch jederzeit an Ihr Geld kommen können, so gibt es doch den Vertrag mit der Bank: Er ermöglicht Ihnen unter bestimmten Bedingungen den Zugriff – lässt Sie allerdings dafür zahlen. Wenn Sie Festgeldkonten, Häuser oder sonstige kostbare Dinge Ihr Eigen nennen, lässt sich das Festhalten besonders gut erkennen. Nun sind Banken gewitzt, wenn es darum geht, ihr Geld zu vermehren. Deshalb arbeiten sie mit Ihrem. Probieren Sie mal aus, was passiert, wenn Sie selbst damit arbeiten, anstatt es festzuhalten. Haben Sie bei der Vorstellung sofort einen Kloß im Hals, liegt ein spannendes Stück Arbeit vor Ihnen.

Stellen Sie sich alles im Universum als Energie vor – die eine Energie bewegt sich schnell, die andere langsamer. Schnelle Energie wäre

zum Beispiel etwas, das Sie soeben noch in den Händen halten und das im nächsten Augenblick bereits verwandelt ist. Ein gutes Beispiel für schnelle Energie ist Wasser: Lassen Sie Wasser über Ihre Hände laufen, verwandelt es sich innerhalb kurzer Zeit in Wasserdampf; Ihre Hände sind wieder trocken, das Wasser ist scheinbar verschwunden.
Bei einem Haus, dem Inbegriff für Sicherheit, ist die Veränderung nicht so leicht zu erkennen. Doch selbst dann, wenn Ihnen Ihr Haus sehr dauerhaft erscheint, gab es eine Zeit, in der es noch nicht existierte, und es wird eine Zeit geben, in der Ihr Haus nicht mehr da sein wird. Mag die Lebensspanne Ihres Domizils die Ihre auch übertreffen, so ist es doch ebenfalls Veränderungen unterworfen. Selbst ein neuer, andersfarbiger Anstrich verändert es bereits. Damit ist das Festhalten an Dingen, die auf den ersten Blick sicher zu sein scheinen, ebenso fragwürdig wie der »Besitz« von Wasser oder ähnlich flüchtigen Dingen.
Vermutlich wird sich spätestens an dieser Stelle Ihr gut entwickeltes Ego zu Wort melden und Ihnen versichern, das sei alles völlig falsch: denn ein gut gefülltes Bankkonto enthebt Sie der alltäglichen Sorgen und bietet Ihnen Sicherheit. Sicherheit wovor eigentlich? Und wie war das noch mit den Versicherungen in Ihrem Leben? Das Risiko, in unserer westlichen Überflussgesellschaft zu verhungern, ist gering. Andere Gefahren sind da weitaus größer: zum Beispiel die Gefahr, dass Sie zu viel Krempel anhäufen und beim nächsten Umzug vor lauter Kisten den Durchblick verlieren.

Keine Angst vor Veränderung

Wir halten an Regeln, Jobs und Liebsten fest, als hinge unser Leben davon ab. Falls sich etwas Wichtiges in unserem Dasein verändert, stellen wir gleich die Sinnfrage – als wenn unser Leben ohne DIESEN Mann, DIESE Frau, DIESES Auto oder DIESEN Kühlschrank nicht weiterginge. Im Allgemeinen wird Veränderung erst einmal misstrauisch oder gar ablehnend betrachtet. Das gilt auch dann, wenn Sie gleichzeitig höchst missmutig auf Ihr Leben schauen und sich dringend eine Veränderung wünschen. Nur wehe, sie geschieht dann tatsächlich.
Sicherlich fallen Ihnen auf Anhieb Bereiche Ihres Lebens ein, in denen Sie von dem einen gerne mehr und von dem anderen lieber weniger hätten: mehr Geld, weniger Stress, mehr Liebe, weniger Streit, mehr Ruhe, mehr Abwechslung usw. Und wahrscheinlich gibt es jemanden in Ihrem Familien- oder Freundeskreis, der genau diese heiß ersehnten Dinge sein Eigen nennt – ebenso wie es jemanden gibt, dem es viel schlechter geht als Ihnen. Ein Vergleich ist also vollkommen sinnlos, denn Ihr Leben ist eben unvergleichlich Ihres.
Ob Ihr Nachbar mit einem Ferrari oder auf Schusters Rappen zur Arbeit aufbricht, spielt für Ihr eigenes Leben keine Rolle. Es sei denn, Sie hängen sich energetisch über den Gartenzaun und messen Ihr Leben an dem, was in Nachbars Garten und Haus vor sich geht. Doch werden Sie dadurch weder glücklicher, noch fallen Ihnen Veränderungen leichter.

Zu Hause im eigenen Leben

Laut einer UNO-Studie leben die zufriedensten Menschen in Bangladesh und die unzufriedensten in Westeuropa. Das zeigt, dass Ihr Glück nicht davon abhängt, ob Sie einen prunkvollen Kronleuchter besitzen oder nur eine Fünf-Euro-Lampe. Falls Sie sich also vor lauter Unsicherheit ständig an anderen orientieren, sind Sie zuerst und vor allem nicht wirklich bei sich. Denn wären Sie in Ihrer Mitte und mitten in Ihrem Leben zu Hause, dann erübrigte sich der Blick über den Gartenzaun.

Lauthals versuchen uns Motivationsgurus einzureden, wir brauchten nur mit beiden Beinen voran in die Karriere zu sausen – Tschaka! –, und schon sei alles gut. Doch trotz aller Animation sollten Sie sich auf sich selbst konzentrieren und herausbekommen, was für Sie das Richtige ist. Denn Sie alleine entscheiden, auf welche Art von Abenteuer Sie sich begeben: ob Sie auf Großwildjagd gehen wollen oder eher daheim gemütlich Karl May lesen.

Loslassen und Festhalten

Probieren Sie am besten mal aus, welche Art von Festhalten und Loslassen für Sie wichtig ist. Lassen Sie dabei zunächst ruhig außer Acht, ob es sich um Ihre ureigenen Werte oder um die Werte Ihrer Familie, Ihres Partners oder anderer Personen aus Ihrer Umgebung handelt. Erst wenn Sie Ihre Verhaltensmuster verändern wollen, sollten Sie ergründen, woher Ihr Wunsch, etwas genau so und nicht anders zu sehen oder zu machen, stammt.

Prüfen Sie alles, was Sie in diesem Buch lesen, genau daraufhin, ob es wirklich auf Sie zutrifft. Die reine Form des Hamsters oder des Freigeists gibt es allerdings nur ganz selten; die meisten Menschen bewegen sich irgendwo dazwischen, und das gilt vermutlich auch für Sie. Wägen Sie also ab, welche Lebensbereiche Sie auf welche Weise betrachten und wie – oder ob überhaupt – Sie sie verändern wollen, und verwenden Sie die hier beschriebenen Anregungen entsprechend Ihrer persönlichen Bedürfnisse.

Übung: Darum prüfe, wer sich ewig bindet ...

... ob sich nicht doch was Besseres findet. Um zu wissen, was besser oder schlechter in Ihrem Leben ist, brauchen Sie erst mal eine Übersicht darüber, welche Wünsche, Werte oder festen Lebensinhalte Sie überhaupt haben.

Besorgen Sie sich ein Schreibheft, das Sie möglichst auch in Ihre Hand- oder Hosentasche stecken können. Nehmen Sie sich etwas Zeit, und machen Sie es sich bequem. Schreiben Sie in kurzen Stichworten auf einer Seite alles auf, was Sie Ihrer Ansicht nach in Ihrem Leben fest verankert haben. Das können ebenso Gegenstände sein wie Menschen, persönliche Einstellungen oder philosophische Betrachtungen darüber, wie die Welt funktioniert. Bewerten Sie Ihre Einfälle nicht, lassen Sie Ihre Gedanken einfach fließen.

Wenn Ihnen nichts mehr einfällt, wechseln Sie auf die gegenüberliegende Seite und schreiben dort alles auf, was in Ihrem Leben in Bewegung ist und sich ständig verändert. Bewerten Sie auch diese Aufzählung nicht, sondern lassen Sie die Ideen fließen – schließlich geht es um Bewegung. Auf dieser Hälfte Ihrer Doppelseite könnten auch Dinge oder Ereignisse auftauchen, die normalerweise eher festgelegt sind, aber gerade zu dieser Zeit in Bewegung gekommen sind, etwa ein Jobwechsel oder eine Schwangerschaft.

Während Sie an Ihren Listen basteln, wird Ihnen auffallen, dass es einiges gibt, das Sie sowohl hier als auch dort unterbringen könnten. Tun Sie's. Wenn Sie fertig sind, legen Sie Ihr Heft weg und lassen das Ganze sich etwas setzen.

Falls Ihnen währenddessen noch weitere Punkte zu Ihrer Liste einfallen, ergänzen Sie diese.

Achtung: Beenden Sie unbedingt diese Liste, bevor Sie weiterlesen, da die nächste Übung Sie sonst leicht beeinflussen und das Ergebnis verfälschen könnte.

Nehmen Sie Ihr Heft nach einigen Tagen (wann die richtige Zeit ist, entscheiden Sie selbst) wieder zur Hand. Machen Sie nun eine detaillierte Aufstellung der Dinge Ihres Hausrats, die Ihnen WIRKLICH WICHTIG sind. Schreiben Sie jeweils dahinter, in welchem Lebensbereich sie Ihnen als Unterstützung dienen. Nehmen Sie zum Beispiel die Dinge aus Ihrer Küche auf: Hinter Kochtopf könnten Sie zum Beispiel »LM« schreiben, als Abkürzung für die Zubereitung von Lebensmitteln. Denken Sie sich Bezeichnungen und Abkürzungen aus, die es Ihnen leichter machen, sich zurechtzufinden.

Sie können auch zunächst einmal Ihre Lebensbereiche umreißen: etwa die Grundbedürfnisse wie Nahrung, Kleidung, ein Dach über dem Kopf sowie Partnerschaft, Kinder, Arbeit oder Erholung. Fassen Sie diese Bereiche so zusammen, dass die Einteilungen nicht zu allgemein werden. Falls Sie also beispielsweise unter dem Stichwort »Erholung« sowohl Ihre Turnschuhe als auch die Stapel ungelesener Zeitungen finden, dann teilen Sie lieber auf, zum Beispiel in »Sport«, »Information«, »Relaxen« und so weiter.

Wenn es zu lange dauern würde, alle Gegenstände Ihrer Wohnung aufzulisten, dann fassen Sie Gruppen zusammen: »Alles, was auf meinem Schreibtisch herumliegt« gehört dann zum Beispiel in den Bereich »Arbeit«, »Inhalt Küchenecksschrank/Lebensmittel« gehört zu »Nahrung« und so weiter.

Verwenden Sie Ihre Einteilungen nicht wie fest gemauerte Wände, sondern eher als verschiebbare Sichtblenden. Sie können auch Gegenstände oder ganze Bereiche auf Kärtchen schreiben und sie dann fröhlich hin und her schieben. Erinnern Sie sich an die Zeit im Kindergarten oder in der Grundschule, als Sie die Welt um sich herum noch praktisch erfuhren. Lassen Sie Ihr inneres Kind heraus, und haben Sie Spaß bei der Sache.

Notieren Sie sich Ihre Erfahrungen mit dieser Übung, denn auch wenn Sie kein bestimmtes Ergebnis erhalten sollten, werden Sie doch einige Gedankengänge entdecken, die Ihnen noch nicht bewusst waren oder Ihnen sogar ganz neu erscheinen.

Wenn Sie fertig sind, sollten Sie eine bunte Sammlung von Gegenständen aus den verschiedenen Lebensbereichen aufgelistet haben, die Sie in Ihrem Umgang mit dem Alltag unterstützen. Als Letztes nehmen Sie sich ein großes leeres Blatt Papier. Malen Sie darauf einen Kreis, der das Papier ganz ausfüllt, und teilen Sie diesen Kreis in Tortenstücke auf. Jedes dieser Stücke stellt einen Ihrer Lebensbereiche dar. Überlegen Sie, wie groß die jeweiligen Stücke sein sollen, damit Sie die Wichtigkeit der Bereiche richtig widerspiegeln. Dabei geht es nicht darum, wie viel Zeit Sie mit einer Sache verbringen, sondern welchen Stellenwert sie in Ihrem Leben hat und wie sehr Sie davon in Anspruch genommen sind. Wenn Sie zum Beispiel gerade arbeitslos sind, wird Ihnen dieser Lebensbereich wahrscheinlich im Augenblick überaus wichtig sein. Vermutlich verwenden Sie Ihre ganze Energie dafür, eine neue Stelle zu finden, obwohl Sie nur einen kleinen Teil Ihrer Zeit damit verbringen. Falls es Sie verwirrt, das eine vom anderen zu unterscheiden, nehmen Sie einfach zwei Blätter und machen zwei Kreise. Auf dem ersten Blatt stehen die Tortenstücke für Bereiche, die einen hohen Zeitaufwand von Ihnen verlangen, das andere bildet die Bereiche ab, die Ihren energetischen Einsatz fordern.

Wichtig ist, dass Sie bei dieser Übung ehrlich sind und wirklich das aufschreiben, was Sie zurzeit erleben. Wenn Sie damit fertig sind, können Sie zusätzlich noch einen Kreis anfertigen, der das widerspiegelt, was Sie gerne hätten. Überlegen Sie, wie Sie Ihre vier Wände, Ihre Ordnung und – wenn Sie schon mal dabei sind – den Rest Ihres Lebens gestalten könnten, damit Ihr Wunschkreis Wirklichkeit wird. Fangen Sie aber nicht gleich an, alles umzugestalten: Noch sammeln Sie Informationen.

Wurzeln schlagen

Wenn Sie nicht zu den Hamstern gehören, dann vielleicht zu den Menschen, die gerne loslassen. Möglicherweise bricht für Sie die große Langeweile aus, wenn Sie drei Jahre lang den gleichen Job machen oder in derselben Wohnung wohnen, und Sie brechen gerne zu neuen Ufern auf. In diesem Fall passt Ihr Hausstand vermutlich in den Kofferraum eines Kleinwagens, denn Sie stehen über den Dingen und brauchen weder Familienfotos noch Ihren alten Lieblingsteddy.

Diese Freiheit von allem Ballast hat eine Menge Vorteile. Im Falle eines Wechsels von Wohnung, Job oder Sonstigem verbringen Sie wenig bzw. keine Zeit damit, sich von Altem zu lösen. Stress mit vielen Kartons, die Sie mühsam ein- und später wieder auspacken müssen, ist Ihnen unbekannt. Für jeden Arbeitgeber sind Sie der Traum, weil es Ihnen nichts ausmacht, ob Sie heute hier und morgen da arbeiten. Sie sind angeblich flexibel, ohne Wurzeln, Familien- oder Freundesbande. Falls Sie seit -zig Jahren denselben Job machen und schon immer mal den Amazonas erforschen wollten (bisher war nur noch keine Zeit), klingt diese Beschreibung für Sie sicherlich spannend. Wenn Sie allerdings ein solches Leben schon seit einigen Jahren oder Jahrzehnten leben, könnte es sein, dass Sie seiner eher müde sind.

Betrachten Sie mal Ihre Wurzeln, und zwar dort, wo Sie sich gerade aufhalten, an dem Ort, an dem Sie sich zurzeit zu Hause fühlen. Das können Ihre eigenen vier Wände sein, aber genauso gut Ihr Büro, ein Ferienhaus, ein Ort unter freiem Himmel oder etwas anderes. Finden Sie heraus, wo Ihr Wurzelort liegt, an dem Sie sich verankert fühlen. Falls Ihnen gleich auf Anhieb etwas einfällt, umso besser. Wenn Ihnen auf Anhieb kein geeigneter Ort einfällt, dann gehen Sie in Ihrer Erinnerung zurück, bis Sie auf einen stoßen, an dem Sie sich wohl und verankert fühlen.

Am besten führen Sie die folgende Übung an diesem Platz durch. Sollte das aus praktischen Gründen nicht gehen – weil dieser Ort weit entfernt ist oder nicht mehr existiert –, dann beginnen Sie die Übung damit, die Augen zu schließen und sich vorzustellen, dass Sie sich an Ihrem Lieblingsplatz aus der Erinnerung aufhalten.

Übung: Wurzelprüfung

Um im Leben einen festen Stand zu haben und mit Ihrer Krempelsammlung oder nur mit einem schnell gepackten Koffer glücklich durchs Leben zu gehen, brauchen Sie Wurzeln. Wie gut die Ihren entwickelt sind, können Sie hier feststellen.

Am besten, Sie machen diese Übung an dem Ort, an dem Sie zu Hause sind. Falls das nicht möglich ist, dann suchen Sie sich einen Platz, an dem Sie sich wohl fühlen und ungestört sind. Ungestört heißt, dass Sie sich am besten alleine an dem Ort Ihrer Wahl aufhalten, ohne Unterbrechungen durch Telefon, Kinder oder andere Plagegeister. Machen Sie es sich dort so richtig bequem. Sorgen Sie für ausreichend Wärme. Denn Sie werden rasch anfangen zu frieren, wenn Sie sich erst mal entspannen und auf den Weg zu neuen Ufern machen.

Am besten führen Sie diese Übung im Stehen durch, denn durch Ihre Fußsohlen können Sie besonders gut empfinden, wo Ihre Wurzeln in den Boden münden. Falls Sie nicht stehen können oder wollen, setzen Sie sich oder legen Sie sich hin. Probieren Sie aber vorher aus, ob Sie sich in dieser Lage vorstellen können, wie Sie nach unten Wurzeln entwickeln.

Falls Sie bei der Visualisierung Schwierigkeiten haben, stellen Sie zumindest Ihre Füße auf dem Boden auf: Winkeln Sie im

Liegen Ihre Beine an. Achten Sie aber darauf, dass Ihr Rücken seine natürliche Krümmung behält und Sie Ihre Wirbel NICHT an den Boden drücken.
Um ein Gefühl dafür zu entwickeln, wie Sie sich verwurzeln, können Sie auch Ihre Wirbelsäule bzw. Ihre Energiezentren (Chakren) zur Hilfe nehmen. Machen Sie sich bewusst, wie einer dieser Energiepunkte nach dem anderen reagiert, wenn Sie Ihre Aufmerksamkeit dorthin richten. Lassen Sie zunächst die Energie einfach von Energiepunkt zu Energiepunkt laufen, und üben Sie die Auf- und Abwärtsbewegung. Wenn Sie das im Schlaf beherrschen, verlängern Sie diese Energielinie nach oben in Richtung Himmel und nach unten zur Erde. Konzentrieren Sie sich dabei besonders auf die Verbindung nach unten, und lassen Sie sich nicht von Ihrer Verbindung nach oben ablenken.
Stellen Sie sich vor, wie die Energie von Ihrem untersten Chakra aus gerade in die Erde verläuft. Alternativ können Sie sich auch auf Ihre Beine konzentrieren und sich über Ihre Füße mit der Erdkraft verbinden. Probieren Sie aus, was Ihnen besser gefällt und, vor allem, wie Sie sich den Energiefluss am besten vorstellen können.
Sie werden schnell feststellen, ob es Ihnen schwer oder leicht fällt, sich in diesem Energieaustausch zu halten. Wenn Sie wollen, können Sie diese Verbindung täglich üben; sie ist auf jeden Fall hilfreich für Ihr Wohlbefinden. Um Ihren energetischen Wurzeln näher zu kommen, brauchen Sie hauptsächlich die Verbindung nach unten. Werden Sie sich behutsam der Kraft bewusst, die Ihre Füße am Boden hält, die Sie aufrecht gehen lässt und die Sie nicht nur körperlich verankert. Vielleicht empfinden Sie dabei eine gewisse Schwere. Oder Sie spüren den Wunsch, Ihre Beine weiter auseinander zustellen, Ihre Zehen gegen den Boden zu drücken oder Ähnliches, das Ihnen hilft, sich stärker mit der Erde zu verbinden. Lassen Sie sich ruhig darauf ein, bleiben Sie aber nicht ausschließlich bei Ihren körperlichen Wahrnehmungen.
Stellen Sie sich nun bildlich vor, wie Sie buchstäblich Wurzeln schlagen. Sie können das einfach geschehen lassen oder ganz bewusst Ihre energetischen Fühler in diese Richtung ausstrecken. Vielleicht hilft es Ihnen auch, sich als Baum vorzustellen. Wenn Sie spüren, dass Sie die Verbindung in die Erde hergestellt haben, sehen Sie sich Ihre Wurzeln an. Visualisieren Sie Wurzeln, die Sie mit dem Boden verbinden und weiter nach unten in den Boden hineinwachsen. Überlegen Sie, wie Sie den Zustand Ihrer Wurzeln beschreiben würden. Wenn Sie ein Baum wären, welche Eigenschaften hätten Ihre Wurzeln? Halten oder wachsen sie? Sind sie kraftvoll, hart, stämmig, weich? Bedenken Sie bitte, dass es dabei kein »richtig« oder »falsch« gibt und dass ein echter Baum wahrscheinlich mit Ihren Wurzeln nicht überleben könnte. Doch darum geht es nicht. Soweit es Sie betrifft, sind Ihre Wurzeln einfach nur vorhanden. Sie können sich später noch damit beschäf-

tigen, ob Sie diese ändern wollen oder so belassen, wie Sie sie vorgefunden haben. Ändern Sie noch nichts, und beobachten Sie vorläufig nur. Wenn Sie genügend Eindrücke gesammelt haben, können Sie zurückkehren.
Am besten, Sie schreiben Ihre Beobachtungen sofort auf, damit Sie nichts vergessen. Falls Sie beim Niederschreiben bereits zu Erkenntnissen über Ihre Verwurzelung gelangen, umso besser. Sollten Sie nach dieser Übung im Dunkeln tappen und keine Ahnung haben, welches Muster Ihrer Verwurzelung im Alltag zugrunde liegt, dann wiederholen Sie die Übung zu unterschiedlichen Zeiten und an ausgewählten Orten. Sehen Sie sich Ihre Aufzeichnungen genau an, und lassen Sie sich von Ihrem Einfühlungsvermögen leiten.
Wenn Sie wissen, welche Lebensbereiche bei Ihnen tief verankert sind und welche buchstäblich in der Luft hängen, können Sie weitermachen. Sollten Sie an irgendeiner Stelle während der nachfolgenden Übungen das Gefühl haben, erneut Ihre Wurzeln prüfen zu wollen, können Sie die Übung jederzeit wiederholen. Verwenden Sie sie obendrein, um in den folgenden Kapiteln herauszubekommen, ob Sie mit bestimmten Gegenständen, Räumen oder Personen wirklich verbunden sind. Falls Sie die Übung mehrfach anwenden und Ihnen der gesamte Ablauf zu lang wird, wählen Sie Teile aus und probieren Sie aus, ob Ihnen die so erlangten Informationen bereits ausreichen.

Magie ist Bewegung

Magie bedeutet, dass alles ständig in Bewegung ist. Selbst der Stapel alter Zeitungen kommt – mag er auch noch so dauerhaft aussehen – spätestens dann in Bewegung, wenn Sie ihn anstoßen und er umfällt bzw. wenn Sie einige Zeitungen wegwerfen oder neue dazukommen. Und sogar bei scheinbar völlig unbewegten Dingen, beispielsweise einem Schrank oder einer Einbauküche, ist dauernd etwas in Bewegung.

Die persönlichen Anker

Wenn Sie das Bedürfnis nach mehr Unbeweglichkeit haben, etwa weil Sie sich derzeit überfordert fühlen, werfen Sie Ihre Anker aus. Diesen Zweck können Dinge erfüllen, die Sie tatsächlich oder zumindest energetisch wie einen Anker mit sich durch den Alltag tragen. Ein typisches Beispiel dafür sind Ihre Hand- oder Jackentaschen, in denen sich seit Wochen oder Monaten Dinge angesammelt haben, zum Beispiel abgerissene Fahrkarten, Kleingeld aller Art, verbrauchte Taschentücher, nicht funktionierende Stifte oder zerfledderte Notizzettel. Solche »Utensilienkoffer« lasten nicht nur schwer an Ihrem Handgelenk oder Ihrer Schulter, sondern verbinden Sie auch mit Dingen, die Sie an längst vergangene Ereignisse, Personen oder Aufgaben erinnern. Machen Sie mal Ihre Handtasche oder Ihren Aktenkoffer auf, und schauen Sie in Ihrer Jackentasche, Hosentasche oder in jedem anderen Aufbewahrungsraum nach, und überprüfen Sie, was Sie jetzt und heute von all Ihrem Kram wirklich brauchen. Sehr beliebt ist auch das Hamstern im Handschuhfach des Autos, im Kofferraum oder in einer Schublade Ihres Schreibtisches am Arbeitsplatz.

An der richtigen Stelle eingesetzt, könnten Sie bestimmt einige dieser Gegenstände dazu verwenden, sich zu erden und zu verwurzeln. Wahllos irgendwo aufbewahrt, können sie diesen Zweck allerdings nicht erfüllen. Wenn Sie bei einem verstohlenen Blick in Ihre Tasche oder in Ihren Aktenkoffer nur die zwei oder drei Gegenstände vorfinden, die Sie derzeit tatsächlich benützen, brauchen Sie sich um den Energiefluss in Ihrem Leben keine Sorgen zu machen: Er kann durch nichts gebremst werden. In diesem Fall überlegen Sie höchstens mal, auf welche Weise Sie sich eigentlich verwurzeln.

Was Sie behalten und was weg kann

Ich vermute einmal, dass sich bei den meisten von Ihnen in Fächern, Schubladen oder Taschen das gleiche nutzlose und bunte Sammelsurium befindet, das Sie Ihren Kindern abzugewöhnen versuchen – was übrigens genauso ergebnislos ist wie bei Ihnen. Wahrscheinlich ist Ihnen der Krempel in den Ecken Ihrer Wohnung ein Dorn im Auge – eine lästige Mahnung, endlich mal wieder aufzuräumen. Die Frage ist nur, wer bestimmt, was und warum Sie eigentlich räumen sollten. Möglicherweise steckt die ebenso vertraute wie fremde Stimme dahinter, die Ihnen bereits seit den Kindertagen sagt, was Sie zu tun haben. Da Sie aber kein Kind mehr sind, ist es nun an Ihnen selbst herauszubekommen, welche Gegenstände für Sie Krempel und welche für Sie wichtig sind. Die nachfolgende Übung hilft Ihnen dabei herauszufinden, wo für Sie die Verankerung aufhört und das unnütze Sammelsurium beginnt.

Vorbereitungen zur Heiß-Kalt-Übung

Bei dieser Übung ist weniger Ihr Kopf gefragt als vielmehr Ihr Einfühlungsvermögen, Ihre Intuition, Ihr Bauchgefühl. Es geht um den ersten Eindruck, den Sie von einem Gegenstand haben, ohne ihn mit dem Verstand zu bewerten. Wenn Sie eher zu den Kopfmenschen gehören, sei Ihnen diese Übung besonders empfohlen. Sie werden sich wundern, wie gut Ihre Eingebung funktioniert, auch wenn Sie sich bisher für einen reinen Verstandesmenschen hielten. Am besten probieren Sie die Heiß-Kalt-Übung in Verbindung mit der Linus-Übung (ab Seite 27) aus. Die beiden einfach durchzuführenden Aufgaben stellen Ihnen sämtliche Hilfen zur Verfügung, die Sie benötigen, um Ihr Umfeld erfolgreich unter die Lupe zu nehmen.

Um bei der Übung den Kopf wirklich abzuschalten und nicht zu lange bei ihr zu verweilen, sollten Sie sich vorher ein wenig warm laufen: Nehmen Sie dazu Papier und einen Stift zur Hand, und gehen Sie an einen Ort, an dem Sie seit jeher eine Menge Dinge aufbewahren; das können der Keller, die Dachbodenräume oder auch ein Schuppen sein. Greifen Sie wahllos sieben Gegenstände heraus, und betrachten Sie diese nur kurz. Ordnen Sie die Gegenstände in zwei Kategorien, und vermerken Sie auf Ihrem Blatt Papier ein Plus oder ein Minus: Plus steht für alles, was Ihnen wichtig ist und was Sie behalten wollen, Minus für alles, was Sie loswerden möchten. Sie können diesen Test auch anhand weiterer Gegenstände ausprobieren: Schreiben Sie dann in einer Spalte die Sachen auf, die Sie behalten wollen, und in einer zweiten Spalte diejenigen, die Sie nicht mehr brauchen. Notieren Sie dahinter kurz, warum Sie sich jeweils davon trennen wollen – oder warum nicht. Wenn Sie sich bei keinem der ausgewählten Gegenstände unsicher sind, können Sie mit der eigentlichen Übung beginnen.

Falls Sie bei jedem Teil grübeln, sich ständig umentscheiden oder sich zumindest nicht ganz sicher sind, brauchen Sie einfach noch etwas Sortiertraining. Tun Sie so, als ob – unabhängig davon, was Sie mit den Gegenständen letztlich machen. Lernen Sie erst mal nur, sich zu entscheiden. Und das, ohne lange nachzudenken. Üben Sie so lange, bis Sie sich sicher genug fühlen, Ihrer inneren Stimme zu folgen. Und lassen Sie sich nicht davon aus der Ruhe bringen, wenn diese Ihnen bei einigen heiß geliebten Stücken sagt, es sei an der Zeit, die Dinge gehen zu lassen. Nehmen Sie das zunächst so hin, auch wenn es schwer fällt.

Bestandsaufnahme machen

Nachdem Sie eine sichere Wahrnehmung eingeübt haben, beginnen Sie mit der Bestandsaufnahme in Ihren vier Wänden. Fangen Sie mit einem einfachen Raum an. Nehmen Sie sich nicht gleich Ihr ganzes Reich auf einmal vor. Für den Anfang ist das Badezimmer besonders geeignet. Dort geht es nicht gleich ums Familiensilber (falls Sie nicht gerade Kristalllüster aus Omas Erbschaft im Bad hängen haben), und die Unterscheidung sollte somit leicht fallen. Im Bad befinden sich vor allem Dinge, an denen Ihr Herz nicht so stark hängt und von denen viele schon lange nichts mehr dort zu suchen haben – Dinge also, die Sie ohne zu zögern mit einem Minus belegen können.

Bleiben wir beim Badezimmer: Im Bad finden Sie naturgemäß besonders viel Wasserenergie. Das Element Wasser verbindet Sie mit Ihren persönlichen Gefühlsebenen und denen anderer Menschen. Neben den Bereichen Familie und Vergangenheit gehört dazu auch Ihre Fähigkeit zur Selbstheilung. Der Krempel, der hier herumliegt, beeinflusst also ganz direkt Ihre täglichen Gefühle sowie Ihre Beziehung zu Ihrer eigenen Vergangenheit. Wenn Sie schon morgens Wasserenergie im Bad verschenken, kann es während des restlichen Tages eng werden. Um es auf den Punkt zu bringen: Wenn Sie morgens in Ihr Bad kommen und es sieht dort aus wie Kraut und Rüben, dann beginnen Sie Ihren Tag mit genau dieser Energie in Ihrem Gefühlsleben; und es fällt Ihnen vermutlich dann auch schwer, anderenorts für einen geordneten Ablauf zu sorgen. Finden Sie dagegen in Ihrem Bad nur kaltes Weiß vor, ohne dass ein einziges freundliches Handtuch Sie anlacht, werden Sie sich schwerlich mit diesem Raum verbunden fühlen.

Nehmen Sie sich nun die anderen Räume Ihres Hauses vor, und teilen Sie sie zunächst in kleine Abschnitte auf: Konzentrieren Sie sich statt auf das ganze Schlafzimmer zum Beispiel erst mal nur auf den Kleiderschrank. In der Küche können Sie mit dem Kühlschrank anfangen, im Flur mit dem Schuh- oder Telefonschränkchen und im Wohnzimmer mit der Videoecke (wetten, dass Sie sich die meisten der Dutzenden von Filmen sowieso nicht wieder ansehen werden?). Welche Energien zu welchem Ihrer Räume gehören und wie Sie diese dort entweder verstärken oder verringern können, finden Sie im Kapitel »Magische Energie in Ihren vier Wänden«.

Sie prüfen nun jeden Gegenstand wie oben beschrieben und bewerten ihn entsprechend – von heiß für »unbedingt behalten« bis kalt für »gleich zum Sperrmüll«. Sie werden sehen, dass Sie eine innere Antenne für Ihre Umgebung entwickeln. Um diese zu verfeinern, nehmen Sie sich in Ihrer Wohnung oder an Ihrem Arbeitsplatz am besten Plätze vor, von denen Sie genau wissen, dass sich dort sowohl »Alles-auf-den-Müll-Dinge« als auch »Alles-behalten-und-unbedingt-noch-vererben-Dinge« befinden.

Wenn Sie es gewohnt sind, mit einem Pendel zu arbeiten, haben Sie bei dieser Übung leichtes Spiel; auch wer mit einer Wünschelrute Erfahrung hat, kommt schnell voran. Falls Sie beides noch nie in der Hand hatten, können Sie auch einfach Ihre eigenen Hände benutzen und mit diesen die Heiß-Kalt-Übung machen. Um zu testen, wie Ihnen Hände oder Pendel einen Eindruck des Gegenstandes übermitteln, holen Sie sich zwei Dinge, bei denen Sie sich ganz sicher sind. Lassen Sie sich dafür genügend Zeit, denn auch ein Gegenstand, den Sie im ersten Moment vom Verstand her für besonders sicher halten, kann sich als tückisch erweisen. Nehmen wir mal ein ausgefallenes Beispiel: Sie legen Ihren Ehering vor sich hin, weil Sie sich sicher sind, dass Sie ihn unbedingt behalten werden. Ihr Pendel sagt aber Nein – vielleicht weil der Ring am falschen Platz liegt, vielleicht aber auch, weil Ihre Beziehung gerade auf die Klippen gefahren ist. Sie sehen: Wählen Sie unbedingt einen unverfänglichen Gegenstand aus.

Übung: Heiß und Kalt

Es kann schwierig sein, auf Anhieb zu wissen, was Sie behalten oder weggeben wollen. Wenn Sie stark schwanken, dann holen Sie sich magische Hilfe. Lassen Sie Gewissheit entstehen ohne Druck.

Setzen Sie sich ruhig hin, und entspannen Sie sich. Falls Sie Ihre Hände verwenden, halten Sie sie zunächst ruhig in Ihrem

Schoß. Schließen Sie die Augen. Achten Sie darauf, dass die Handflächen nach oben liegen, so dass Sie die Energie Ihrer Hände auch wirklich spüren können.
Beginnen Sie behutsam Ihre Aufmerksamkeit auf Ihre Hände zu lenken, und spüren Sie einfach, wie sie sich »neutral« anfühlen.
Als Nächstes halten Sie die Hände über einen der Gegenstände, den Sie ausgesucht haben, und spüren, wie sich Ihre Energie dabei verändert. Nach einer Weile probieren Sie den zweiten Gegenstand aus und fühlen nach, wie sich Ihre Verbindung in diesem Fall anfühlt.
Ziehen Sie Ihre Hände zurück, und geben Sie sich eine Weile Zeit, damit sich die Eindrücke setzen können, bevor Sie die Augen wieder öffnen. Vergleichen Sie, und versuchen Sie sich bewusst zu machen, welche Unterschiede Sie bemerkt haben.
Sollten Sie keinen Unterschied Ihrer Energie festgestellt haben, arbeiten Sie möglicherweise lieber mit einem Pendel anstatt mit Ihren Händen. Besorgen Sie sich ein Pendel, oder bauen Sie es selbst zusammen. Alles, was Sie brauchen, ist ein Ring und ein Zwirnsfaden (Nähgarn ist etwas zu dünn, Wolle könnte zu dick sein). Eine genaue Anleitung, wie Sie mit Ihrem Pendel umgehen können, finden Sie ab Seite 132.
Pendeln Sie Ihre beiden Gegenstände aus, und stellen Sie fest, wie Sie auf beide reagieren.
Nachdem Sie erst einmal ein Gespür dafür entwickelt haben, was für Sie wichtige oder weniger wichtige Dinge sind, brauchen Sie nur noch etwas Übung. Je häufiger Sie mit dem Heiß-Kalt-Pendel arbeiten, desto schneller werden Sie zu einem Ergebnis gelangen. Später können Sie das Pendel wieder beiseite lassen und nur noch Ihre Hände verwenden. Sie werden dann, schon wenn Sie einen Gegenstand in die Hand nehmen, wissen, in welche Kategorie er gehört.

Testen Sie Ihr Sicherheitsbedürfnis

Vermutlich erinnern Sie sich an die Comics mit den Peanuts um Snoopy und Charlie Brown. Diesmal geht es nicht um den ewigen Verlierer Charlie Brown, sondern um seinen treuen Freund. Der superclevere Linus ist zwar ein echter Überflieger, hat aber dennoch eine Achillesferse: Er braucht eine Decke, um sich sicher zu fühlen. Er trägt sie mit sich herum und kann nur klar denken, wenn er seine geliebte Schmusedecke in Sicherheit weiß. Möglicherweise brauchen auch Sie solche Sicherheitsanker, um sich in Ihren vier Wänden oder anderswo spirituell zu Hause zu fühlen – egal, ob es sich dabei um alte Ausgaben Ihrer Lieblingszeitschrift oder um die Uhr Ihres Großvaters handelt. Wenn Sie zu den Menschen gehören, die solche Anker brauchen, können Sie diese bewusst entwickeln und einsetzen. So dass keine Gefahr besteht, dass Ihre »Linus-Decken« versehentlich beim Aufräumen im Müll landen – oder sich im Gegenteil zu Bergen auftürmen.

Ihr Sicherheitsanker ist allerdings nur dann sinnvoll, wenn er Sie nicht daran hindert, sich vorwärts zu bewegen. Wenn Sie so viel Sicherheit aufbauen, dass Sie sich weder vor- noch zurückbewegen können, und wenn Sie mehr Zeit damit verbringen, Ihre »Sicherheit« vom rechten auf den linken Stapel und umgekehrt zu verfrachten, so ist sie eher lästig als hilfreich.

Um beim Bild des Ankers zu bleiben: Wenn es auf Ihrem Boot nur so von Ankern wimmelt, geht Ihr Kahn vor lauter Gewicht unter. Finden Sie deshalb erst einmal heraus, welches Sicherheitsbedürfnis Sie überhaupt haben und wie Sie damit am besten umgehen. Wichtig dabei ist, dass Sie nicht über die Antworten auf die nachfolgenden Fragen nachdenken. Notieren Sie einfach, was Ihnen als Erstes einfällt, ohne lange darüber nachzudenken. Ihr höheres Selbst und Ihr Unbewusstes werden Ihnen mit Sicherheit Hinweise geben.

Test: Linussystem

Machen Sie es sich bequem, und nehmen Sie einen Bleistift zur Hand. Falls Sie nicht direkt in das Buch schreiben wollen, nehmen Sie ein Blatt Papier, auf dem Sie die Nummer der Frage notieren. Sie schreiben dann einfach Ihre Antworten hinter die jeweilige Zahl. Wie gesagt: Nicht denken, einfach nur antworten.

1. Sie gehen in der Dämmerung durch einen Wald, und Ihnen kommt von weitem eine Gestalt entgegen, die Sie nicht erkennen können. Was hätten Sie am liebsten bei sich, oder was würden Sie tun?
   a. Einen Hund, dann brauche ich selbst nichts zu tun. ....
   b. Einen Stock, der wirkt abschreckend. ....
   c. Ein Messer, das ich zur Not benutzen kann. ....
   d. Ich drehe mich um und gehe zurück. ....

2. Sie hatten einen üblen Tag während der Arbeit und kommen nach Hause. Was tun Sie als Erstes, um richtig anzukommen, nachdem Sie die Tür Ihrer Wohnung oder Ihres Hauses aufgeschlossen haben? ....
   a. Schuhe aus, Füße hochlegen. ....
   b. Als Erstes meditiere ich. ....
   c. Ich mache mir etwas zu essen. ....
   d. Ich räume auf. ....

3. Sie laden Freunde ein, mit denen Sie beim letzten Treffen einige Meinungsverschiedenheiten hatten. Welches Material bevorzugen Sie für die Dekoration?

a. Silber. ....

b. Glas. ....

c. Holz. ....

d. Messing. ....

4. Sie wachen aus einem Alptraum auf. Was tun Sie, um wieder einschlafen zu können?

a. Ich betrachte meinen Alptraum genau und bekomme heraus, worum es dabei ging. ....

b. Ich stehe auf und hole mir was zu essen oder trinken. ....

c. Ich hole mir eine Wärmflasche und kuschele mich ein. ....

d. Ich lese ein paar Seiten meines Krimis zur Ablenkung. ....

5. Sie sind gestresst und haben eine Verabredung. Nach wenigen Minuten entspannen Sie sich. Mit wem haben Sie sich getroffen, der so beruhigend auf Sie wirkt?

a. Eine ehemalige Lehrerin oder ein ehemaliger Lehrer; wir plaudern über Erlebnisse aus der Schulzeit. ....

b. Eine alte Flamme, wir flirten, was das Zeug hält. ....

c. Meinen Bruder oder meine Schwester; wir haben uns lange nicht gesehen. ....

d. Keins davon. Ich gehe mit meinem Hund spazieren und rede mit dem. ....

Gehen Sie Ihre Begriffe nun durch, und ordnen Sie – ohne nachzudenken – Ihre Auswahl den vier Elementen Luft, Feuer, Wasser und Erde zu. Der erste Gedanke zählt und ist wichtig; schreiben Sie, ohne zu grübeln. Erst wenn Sie damit fertig sind, schauen Sie sich die Tabelle zu den Antworten an. Falls Sie sich in Ihrer Zuordnung nicht sicher sind, entscheiden Sie sich für Ihre persönliche Einordnung; denn das Ergebnis sagt etwas über Sie aus.

	Frage 1	Frage 2	Frage 3	Frage 4	Frage 5
Antwort a	Erde	Wasser	Wasser	Luft	Luft
Antwort b	Luft	Luft	Luft	Erde	Feuer
Antwort c	Feuer	Erde	Erde	Wasser	Wasser
Antwort d	Wasser	Feuer	Feuer	Feuer	Erde

Auswertung

Die meisten Antworten im Element Luft

Wenn Sie die meisten Ihrer Antworten diesem Element zugeordnet haben, gehören Sie zu den Menschen, die eine sehr bewegliche Sicherheit in Ihrem Leben brauchen: Für Sie ist leichtes Gepäck angesagt. Viel Krempel wird nicht dafür sorgen, Sie zu erden, sondern eher das Gegenteil bewirken. Durch zu viele Gegenstände fühlen Sie sich eher unbehaglich, und Sie bekommen Fluchtgedanken. Bei Musik, zum Beispiel bei den leichten Klängen von Mozart oder Enya, verwurzeln Sie bestens. Summen Sie vor sich hin, wenn Sie einen Schutzschild brauchen und die Umgebung es erlaubt. Oder suchen Sie einen Ort auf, an dem Sie garantiert ungestört sind und Sie sich wieder mit sich selbst in Verbindung setzen können. Setzen Sie sich den Kopfhörer Ihres Walkman auf, und verankern Sie sich musikalisch.

Für Sie sind Visualisierungen besonders wichtig, da Sie sich mit gedanklichen Vorstellungen schneller anfreunden als mit handfesten Gegenständen. Ein paar duftende Räucherstäbchen helfen Ihnen obendrein, das Gefühl von Wiedererkennung und Sicherheit zu schaffen, das Sie wie jeder andere Mensch brauchen, da der Geruchssinn ebenfalls zum Element Luft gerechnet werden kann (es gibt auch andere Traditionen). Halten Sie sich bei anderen Menschen auf, können Sie besonders gut Parfum oder ätherische Öle verwenden und sich auf diese luftige Weise mit einem Sicherheitsschild umgeben.

Die meisten Antworten im Element Feuer

Falls Ihre Antworten eher feurig ausgefallen sind, konzentrieren Sie Ihr Augenmerk auf Ihr Handeln. Das Schlimmste für den Feuertyp wäre, einfach dazusitzen und abzuwarten, was passiert. Für Sie ist Aktion angesagt. Wenn sich in Ihren vier Wänden die Dinge stapeln, wirkt das auf Sie eher einengend. Legen Sie sich zum Beispiel ein Sportgerät zu, um sich täglich auszuarbeiten. Eine solche Gewohnheit kann Sie verankern und die Verwurzelung mit energiereichem Handeln verbinden. Es muss ja nicht gleich die Bank fürs Gewichtheben sein; ein Gymnastikball, den Sie außerdem zum Sitzen verwenden können, tut es auch. Wichtig ist, dass Sie Ihren Energien freien Lauf lassen und sich so richtig austoben. Lassen Sie sich nicht davon abhalten, Dinge wegzugeben und neue einzuladen. Sie sind sozusagen das Recyclingsystem des Universums. Jede Form von Feuer hilft Ihnen, sich zu verankern, falls Sie das Gefühl haben sollten, dass Sie das brauchen – was vermutlich selten vorkommt. Sorgen Sie für eine ständige Verbindung zum Element Feuer – und nicht erst dann, wenn es Probleme gibt. Wenn Sie keine Kerzen anzünden können, helfen auch entsprechende Bilder oder Steine, die zum Element Feuer gehören. Ausnehmend gut eignet sich jede Art von Metall, vor allem Gold und Messing.

Die meisten Antworten im Element Wasser

Wenn Sie das Element Wasser favorisiert haben, dann bemühen Sie sich um einen besonders schönen Ahnenplatz (mehr dazu ab Seite 60). Für Sie ist es wichtig, sich jederzeit verbunden zu fühlen. Das erreichen Sie nicht, indem Sie Gegenstände um sich herum anhäufen, sondern durch eine ausreichende Verankerung in Ihrer Vergangenheit. Ob Sie dafür ein Medaillon mit Familienbild um den Hals tragen oder ein Foto Ihrer Lieben in Ihrer Geldbörse, ist unerheblich. Verteilen Sie die Erinnerungen an Ihre Ahnen ruhig über das ganze Haus, wenn Ihnen danach ist. Besonders eignen sich auch Möbel oder Geschirr, die aus Ihrer Familie stammen. Außerdem können Sie natürlich alles nutzen, was Sie mit dem Element selbst verbinden; so sind beispielsweise Zimmerbrunnen für Ihren Sicherheitsbereich gut geeignet.

Die meisten Antworten im Element Erde

Falls Sie die Mehrheit Ihrer Antworten dem Element Erde zugeordnet haben, bekommen Sie Ihr Gefühl von Sicherheit besonders gut in den Griff, wenn Sie sich mit Steinen beschäftigen. Sie sind leicht zu bekommen und können in allen Räumen Ihrer Wohnung oder auf Ihrem Hausaltar für Beständigkeit und den notwendigen Anker sorgen.

Sehen Sie sich in Ihren vier Wänden um, und machen Sie sich bewusst, wo Sie sich noch nicht genug geerdet und sicher fühlen. Verstärken Sie dort das Element. Beschäftigen Sie sich darüber hinaus mit den Bereichen in Ihrem jetzigen Leben und in Ihrer Vergangenheit, die zu Ihrem Gefühl der Unsicherheit beigetragen haben. Sie gehören nicht zu den Menschen, die Ihre Energie – wie die Feuertypen – austoben müssen. Bei Ihnen kommt es darauf an, dass Sie sich in Ihrem Körper wirklich zu Hause fühlen. Dafür ist körperliche Betätigung jeder Art geeignet. Sorgen Sie für körperliche Verankerung durch regelmäßige Bewegung (die Betonung liegt auf regelmäßig). Erlernen Sie zum Beispiel Tai Chi; diese sanfte Körperertüchtigung sorgt besonders gut für Erdhaftung und hilft Ihnen, buchstäblich mit den Füßen auf dem Boden zu bleiben.

Falls Sie es nicht so mit dem Sport haben, arbeiten Sie im Haushalt oder machen Sie Gartenarbeit. Menschen mit stark ausgeprägtem Sicherheitsbedürfnis im Bereich Erde haben besonders große Schwierigkeiten, etwas wegzugeben. Oft führt das zu grenzenlosem Horten. Sammeln Sie lieber noch ein paar Steine, und entrümpeln Sie dafür sachte. Sachte, denn zu schnelles Handeln sollten Sie auf jeden Fall unterlassen.

Die verschiedenen Gerümpeltypen

Jeder Mensch hat eine eigene Vorstellung davon, ob und warum er Dinge sammelt oder wegwirft. Während der eine zu den Hamstern gehört, die lauter Erinnerungsstücke aus ihrer Jugend aufbewahren – nur für den Fall, dass sie vorzeitig senil werden und das Gedächtnis verlieren –, lieben andere große leere Flächen und würden nicht im Traum daran denken, einen süßen kleinen Holzpapagei aus dem Spanienurlaub mitzubringen und damit zu Hause die Anrichte zu verunstalten.

Warum Sie sammeln

Um einen Umgang mit Krempel zu finden, der Ihnen persönlich entspricht, sollten Sie die Beweggründe aufspüren und sich Klarheit darüber verschaffen, warum Sie wie besessen sammeln – oder aber zum Gegenteil neigen. Alle Menschen greifen dabei auf Verhaltensweisen zurück, die sich irgendwann in ihrem Leben als wichtig oder sogar überlebenswichtig herausgestellt haben. Oft stammen diese Verhaltensmuster aus der Kindheit und sind ihnen nicht bewusst. Mit dem gereiften Verstand der Erwachsenen stellen sie zwar immer noch die gleichen Muster her – nur sind diese manchmal mittlerweile nicht mehr sinnvoll. Schließlich haben Sie als 33-Jährige ganz andere Möglichkeiten als ein dreijähriges Kind.

Solange Sie nur das Gerümpel bekämpfen, anstatt sich mit den Ursachen für Halten und Loslassen zu befassen, verschiebt sich das Problem – entweder auf einen anderen Lebensbereich, oder es wird immer wieder neue Berge von Krempel geben. Bis Sie sich genau ansehen, WARUM Sie eigentlich jede blaue Flasche aufbewahren oder rostige Nägel für einen späteren Gebrauch horten, werden Sie es schwer haben, sich eine Umgebung zu schaffen, in der Sie sich wohl und zu Hause fühlen. Selbst wenn Sie immer wieder den Aufräumbüchern folgen, wird Ihre Bleibe zwar kurzzeitig wie das makellose Fenster eines Möbelhauses wirken – doch schon kurz darauf finden Sie in allen bekannten Ecken wieder Berge von Krempel.

So erkennen Sie Ihr persönliches Sammelverhalten

Im vorigen Kapitel haben Sie einen Eindruck gewonnen, wie Sie zu den Dingen in Ihren vier Wänden stehen. Nun brauchen Sie weitere Informationen über Ihr Verhalten, um Krempel und Verwurzelung ins Gleichgewicht zu bringen. Solange Sie dies nicht wissen, werden Sie immer wieder zu viele oder zu wenige Dinge aufbewahren. Dazu sollten Sie herausbekommen, welcher Typ Sammlermensch Sie sind. Dabei kommt es nicht darauf an, sich so zu sehen, wie Sie gerne wären, sondern so, wie Sie wirklich sind.

Eigentlich sind Sie ein ganz ordentlicher Mensch – denn Sie haben schon in Ihrer Jugend gelernt, dass die Heinzelmännchen eben so sind. Oder Sie waren schon immer völlig chaotisch, denn von künstlerischen Menschen erwartet man das schließlich. Lassen Sie sich weder von Ihren eigenen noch von anderer Leute Erwartungen leiten, wenn Sie herausbekommen wollen, was Ihnen wirklich entspricht. Spielen Sie mit den Möglichkeiten.

Falls eine der folgenden Beschreibungen nicht vollkommen auf Sie zutrifft, liegt das einfach daran, dass niemand ausschließlich EIN bestimmter Typ ist. Dafür sind die Menschen viel zu vielschichtig. Überlegen Sie, wie viel von jedem der Muster in Ihnen steckt, und erstellen Sie sich so Ihr ganz persönliches Bild. Malen Sie es sich ruhig auf, zum Beispiel als Kreis, den Sie wie Tortenstücke in verschiedene Anteile – Ordnung, Wirrwarr,

Sammeln und Wegwerfen – aufteilen, die Sie an sich und in Ihrem Leben vorfinden. Seien Sie dabei vollkommen ehrlich zu sich. Sie haben nichts davon, sich zum Ordnungsfanatiker zu erklären – und am nächsten Tag wieder vor einem riesigen Geschirrberg, einem überquellenden Kleiderschrank oder ständig wachsenden Bergen ungelesener Zeitschriften zu stehen. Bemühen Sie sich ehrlich um eine Antwort darauf, wie Sie mit der Frage »Sammeln oder nicht sammeln?« umgehen. Je klarer Sie sich selbst sehen, desto frühzeitiger und schneller können Sie später entscheiden, welche Dinge Sie auf Ihrem Weg unterstützen und welche für Sie Ballast darstellen.

Die Asketen

Laut Lexikon ist ein Asket ein Mensch, der Verzicht auf weltliche Genüsse übt, um dadurch eine höhere spirituelle oder intellektuelle Erkenntnis- oder Bewusstseinsebene zu erreichen. Auch wenn Asketen noch keine Heiligen sind: Verspielte kleine Cottages sind nichts für sie; und mit Chintz oder pusseligen Blumenmustern kann man sie jagen. Sie legen in ihrer Umgebung nicht so sehr Wert auf Kleinigkeiten als vielmehr auf eine Klarheit des Ganzen.

Der Asket braucht nur wenige Gegenstände um sich. Wo sich viel ansammelt, wird er eher nervös und möchte zu neuen Ufern aufbrechen. Der Umzug eines solchen Menschen könnte nicht einfacher sein: Für den Transports des Inhalts von Schränken und Kommoden, ordentlich in Kisten verpackt, reicht ein Kleintransporter vollends aus. Zudem sind alle Kartons sorgfältig beschriftet und in Ruhe gepackt. In den säuberlich geordneten Kisten können kein Nippes oder andere Kleinteile kaputt gehen, weil der Aufräumer sich mit solchen Gegenständen gar nicht erst belastet. Sollte ihm jemand etwas schenken, was nicht zu diesem sparsamen Lebensstil passt, wird es schnell wieder verschwinden – im Müll (nur keine falsche Gefühlsduselei) oder im Trödelladen.

Test: Wie viel haben Sie vom Asketen?

Testen Sie hier Ihren Ordnungssinn. Auch wenn Sie nicht ausschließlich asketisch veranlagt sind, werden Sie wenigstens einen Teil Ihrer eigenen Wünsche und Vorstellungen hier wiederfinden.

Probieren Sie diese Übung, um herauszubekommen, wie viel Sie von einem Asketen haben. Besorgen Sie sich einen Umzugskarton, und packen Sie alles hinein, was sich an losen Gegenständen auf den Arbeitsplatten Ihrer Küche befindet. Lesen Sie erst weiter, wenn Sie auch wirklich alles eingepackt haben.

Alles im Karton? Oder steht noch etwas herum, das Sie nicht hineinbekommen haben? Oder ist Ihr Karton vielleicht halb leer geblieben?

Beim Einpacken werden Sie feststellen, ob Sie Dinge in die Hand nehmen, die Sie täglich benutzen, oder ob es sich um Sachen handelt, die auf einem Küchentisch gar nichts zu suchen haben. Falls alle Gegenstände in Ihrem Karton Dinge sind, die Sie in Ihrer Küche dauernd brauchen, ist es dort recht aufgeräumt. Sie umgeben sich zumindest in Ihrer Küche nicht mit unpraktischen Gegenständen. Wenn Ihr Karton halb leer ist, weil einfach nicht genug herumliegt, um ihn völlig zu füllen, dann haben Sie einen großen Anteil des Asketen in sich. In diesem Fall brauchen Sie sich wenig Sorgen zu machen, dass die Krempelberge in Ihrem Domizil Sie eines Tages unter sich begraben werden. Falls Ihre Kiste überquillt und Sie beim Einräumen endlich die Rechnung wieder gefunden haben, nach der Sie schon seit einer Woche suchen, stehen die Karten gut, dass Ihre Küche eher einem Flohmarkt als einem Gebrauchsraum ähnelt (und Sie gehören damit vermutlich zu einer Mehrheit von Menschen; oder haben Sie schon mal eine Küche oder Wohnung gesehen, in der es so aussah wie in einem Magazin?).
Schauen Sie mit dem Kistenblick kurz in die anderen Räume. Falls die Küche der einzige chaotische Raum ist, der Rest Ihres Hauses oder Ihrer Wohnung aber recht aufgeräumt, dann überlegen Sie, wie hoch Sie den asketischen Anteil in Ihren vier Wänden einschätzen. Vergessen Sie dabei nicht, auch Keller oder Boden mit einzubeziehen. Dort hortet es sich zwar viel unauffälliger, aber ebenso nachhaltig.

Die Verankerung in der eigenen Geschichte

Wenn Sie hauptsächlich zum Typus des Asketen gehören, haben Sie kaum das Problem, dass sich bei Ihnen unnütze Gegenstände türmen. Allerdings tappen Sie womöglich in die entgegengesetzte Falle. Während der Chaot ständig gegen Ballast ankämpft, fehlt Ihnen als Asket leicht die Verankerung in Ihrer eigenen Geschichte. Falls es bei Ihnen nicht einmal ein Fotoalbum gibt, geschweige denn irgendwelche Familienstücke, dann stellen Sie sich einmal die Frage, ob und wie viel gefühlsmäßigen Rückhalt aus Ihrer Familie Sie haben bzw. brauchen.
Bei der Verankerung in Ihrer persönlichen Geschichte geht es um die Verbindung mit Ihren Ahnen. Ohne diese Verbindung fehlt Ihnen ein Stück Erinnerung und Verbundenheit. Wer meint, ohne Wurzeln leben zu können, schaue sich die wurzellose Gesellschaft an: Jeder Mensch ist austauschbar, ob am Arbeitsplatz oder in der Gesellschaft; da fällt es schwer zu spüren, dass jeder Einzelne eine wichtige Rolle spielt.
Vielleicht grinsen Sie soeben sarkastisch vor sich hin, da bei Milliarden Menschen die einzelne Person naturgemäß keinen wirklichen Einfluss hat. Sachzwänge und Eigendynamik haben längst gesiegt, Einfallsreichtum und Querdenken sind nicht erwünscht. Es liegt bei Ihnen, ob Sie die Welt aus diesem zynischen Blickwinkel betrachten wollen. Oder ob Sie Ihr Leben lieber mit Mut und Phantasie selbst gestalten, anstatt das anderen zu

überlassen. Sie werden dabei nicht die Welt retten. Doch Sie können eine Menge dazu beitragen, dass sie ein freundlicherer Ort für alle Lebewesen wird – Zweibeiner, Vierbeiner, gefiederte, geschuppte, steinerne oder sonst wie geartete. Wir alle teilen diesen Planeten. Wenn Sie sich zum Einzelwesen ohne klare und verankerte Persönlichkeit erklären, spielen Sie nicht den Part, den Sie sich bei Ihrer Geburt ausgesucht haben.

Schauen Sie sich also noch mal in Ihrem Domizil um. Wenn dort alles so schick wie aus dem Prospekt ist, dann fragen Sie sich, wer Sie eigentlich sind. Sonst kommt morgen womöglich jemand und spricht Sie mit Herr Mustermann oder Frau Musterfrau an.

Die vorsichtigen Sammler

Wenn Sie schon mehr als dreimal in Ihrem Leben den Satz benutzt haben: »Das könnte ich noch mal brauchen« und dabei etwas in einem Karton, einer Schublade, unter den Klamotten im Kleiderschrank oder sonst irgendwo verschwinden ließen, dann gehören Sie – zumindest zu einem Teil – zu den Vorsichtigen.

Der Typus des Vorsichtigen sammelt, weil etwas irgendwann einmal vielleicht brauchbar sein könnte. Er hat die Erfahrung gemacht, dass es ihm, selbst wenn genug von allem vorhanden ist, dennoch manchmal an so manchem gefehlt hat. Deshalb ist er der Überzeugung, es sei am besten, alles im Überfluss zu horten – man kann ja nie wissen.

Zum Teil ist diese Art der Sammelwut auch eine Generationenfrage. Menschen, die den Krieg erlebt haben oder nach dem Krieg, in den 1950er und -60er Jahren, geboren wurden, haben eine starke Neigung zum Sammeln – als gelte es, eine neue Nachkriegszeit zu überstehen. Wer mit Müttern groß geworden ist, die noch aus Knochenresten vom Vortag leckere Suppen zu zaubern wussten, weil eben nichts anderes da war, der kann so schnell nichts wegwerfen, auch wenn es noch so unsinnig ist.

Sammeln aus Vorsorge

Typisches Merkmal dieses Sammlers ist es, keine Essensreste wegwerfen zu können, auch wenn niemand sie mehr essen wird. Eher landen sie im Kühlschrank, von wo sie dann – mittlerweile verschimmelt – doch letztendlich im Müll verschwinden. Verstehen Sie mich nicht falsch: Ich plädiere nicht dafür, gedankenlos Lebensmittel zu vergeuden. Ganz im Gegenteil: Der vorsichtige Sammler kauft gewöhnlich zu viel ein (man weiß ja nie, wer vorbeikommt und Hunger bekommen könnte ...). Aus den Übermengen wird dann Abfall, von dem er sich nur schwer trennen kann.

Um herauszubekommen, ob Sie zum Typ »vorsichtiger Sammler« gehören, schauen Sie mal in Ihre Küchenschublade oder in Ihren Werkzeugkasten. Wenn sich dort alte Gummibänder, die bereits zerfallen, Schrauben, die leicht verbogen sind, und Rezeptfetzen, die Sie noch nie benutzt haben und auch nie verwenden werden, tummeln, gehören

Sie dazu. Wenn Sie sich an das Thema »Aufräumen und Verwurzelung« machen, sollten Sie besonders behutsam vorgehen. Denn Ihre übertriebene Vorsicht geht meist mit dem Gefühl einher, die Welt sei ein gefährlicher Ort, an dem eher Mangel als Überfluss herrscht. Deshalb ist für Sie eben Vorsorge angesagt. Doch diese Art von Sammeln führt nicht selten zu noch stärkeren Unsicherheitsgefühlen, da auch der dritte oder vierte Stapel nicht vor der Grundangst schützt oder die Welt sicherer macht.

Test: Gehören Sie zu den vorsichtigen Sammlern?

Ob Sie zu den ganz Vorsichtigen gehören, können Sie durch eine einfache Visualisierung herausbekommen.

Suchen Sie sich wie üblich einen ruhigen Ort, und machen Sie es sich bequem. Schließen Sie die Augen, und kommen Sie innerlich zur Ruhe. Stellen Sie sich nun vor, wie sich Ihre Wohnung allmählich leert. Alle Gegenstände und Möbelstücke lösen sich langsam in nichts auf. Behalten Sie nur einen Tisch, einen Stuhl, Ihr Bett und eine Kochgelegenheit, ein Becken zum Abwaschen, einen Satz Teller und Besteck und einen Topf zurück. Lassen Sie Ihren Kopf ruhig lamentieren. Beobachten Sie einfach nur, wie es Ihnen bei dieser Übung geht. Wenn alles weg ist, gehen Sie in Ihrer Wohnung herum. Halten Sie fest, wie Sie sich in den einzelnen Räumen fühlen. Es könnte sein, dass Sie in dem einen Raum die Leere als angenehm wahrnehmen und in dem anderen geradezu panisch darauf reagieren. Bewerten Sie diese Unterschiede zunächst nicht, sondern sehen Sie sie sich nur an.

Wenn Sie sich ringsherum einen Eindruck verschafft haben, können Sie Ihre Visualisierung beenden und zurückkommen. Notieren Sie sich Ihre Beobachtungen. Sie können Sie später – zum Beispiel in Ihren Aufräum- oder Verwurzelungswochen – noch gebrauchen. Wenn sich Ihre Wahrnehmungen von Raum zu Raum unterscheiden, ist das besonders spannend und kann verschiedene Gründe haben. Möglicherweise haben Ihnen in der Vergangenheit bestimmte Räume Unbehagen bereitet, zum Beispiel falls sich Familienmitglieder mit Vorliebe dort gestritten haben. In so einem Fall ist es sehr gut möglich, dass Sie diesen Raum leer schlecht ertragen, da kein Krempel Ihre Nervosität überdeckt. Forschen Sie in Ihrer Erinnerung nach, ob Sie auf Anhieb eine Idee dazu haben. Wenn Ihnen nichts einfällt, dann zwingen Sie sich nicht weiterzumachen. Sonst könnten Sie schnell Grenzen überschreiten, die einen Sinn haben. Wenn Sie mit Ihren Ergebnissen weiterarbeiten wollen, holen Sie sich am besten Rat bei entsprechenden Profis. Ob Sie sich selbst als Hamster sehen oder nicht, hier bekommen Sie heraus, warum Ihnen Gegenstände Sicherheit verheißen.

Die Familiensammler

Manche Menschen sind von sich aus Sammler, andere sind es aus Familientradition. Denn ebenso, wie wir Mimik, Gestik oder andere Eigenarten unserer Eltern übernehmen, passiert das auch mit manchen Gewohnheiten. Holen Sie sich ein Familienalbum, und schauen Sie sich die Bilder an (Asketen leihen sich Fotos eben bei Eltern oder Geschwistern aus). Achten Sie nicht so sehr darauf, wer dort abgebildet ist, sondern wie es im Hintergrund aussieht. Bilder von Weihnachten sind ein gutes Beispiel. Herrscht beim Auspacken fröhliches Chaos, und das Geschenkpapier liegt zerrissen herum, um in der nächsten Mülltonne zu verschwinden? Oder hat jemand bereits angefangen, die bunten Papiere sorgfältig zu falten, die Bändchen säuberlich aufzudrehen – damit sie beim nächsten Weihnachtsfest wieder verwendet werden können? Wie sieht es in den Räumen aus, in denen die Bilder aufgenommen wurden? Betrachten Sie die Bilder, und lassen Sie dabei die Familienereignisse wieder aufleben. Natürlich spiegeln Ihre Erinnerungen nicht die genauen Ereignisse wider, sondern Ihre persönliche Wahrnehmung und Erinnerung daran. Aber es geht in diesem Fall nicht um die objektive Wahrheit, sondern darum, wie Sie die damalige Lage empfunden haben. Auch wenn die Geschwister oder Eltern völlig andere Erinnerungen haben: Für Ihre persönlichen Schlussfolgerungen ist einzig Ihre Erinnerung maßgeblich.

Übung: Familienerinnerung

Führen Sie die folgende Übung zu familiären Erinnerungen am besten alleine durch, auch wenn Sie sich mit Geschwistern oder Eltern sehr gut verstehen.

Sie brauchen ein Stück Papier und einen Stift. Bleiben Sie bei Ihren Familienerinnerungen. Schreiben Sie auf, welche Begriffe Ihnen einfallen, wenn Sie an Ihr Elternhaus zurückdenken. Vermeiden Sie vollständige Sätze, und denken Sie vor allem nicht zu viel nach. Beschreiben Sie nicht, sondern lassen Sie Ihrem Einfallsreichtum einfach freien Lauf. Tauchen widersprüchliche Dinge auf, ist das ganz gleichgültig. Verwenden Sie kurze beschreibende Worte wie »groß«, »klein«, »dick«, »dünn«. Wenn Ihnen die Begriffe ausgehen, versuchen Sie sich an charakteristische Sätze zu erinnern, die Ihre Mutter, Ihr Vater oder sonstige Personen Ihrer Umgebung gesagt haben und die Ihnen haften geblieben sind (zum Beispiel, dass man bei Ihnen vom Fußboden essen könnte).

Halten Sie sich während des Schreibens nicht mit einzelnen Einfällen auf. Notieren Sie – ohne nachzudenken. Bewerten Sie nichts von dem, was Sie zusammentragen, sondern lassen Sie es erst mal einfach fließen. Sobald Sie merken, dass Sie sich eingehendere Gedanken machen, hören Sie auf. Alles, was Ihnen danach einfiele, hätte sich Ihr Verstand gut zurechtgelegt, und es könnte Sie eher in die Irre führen als weiterbringen.

Legen Sie Ihre Liste zur Seite, und schlafen Sie eine Nacht darüber, so dass Sie etwas Abstand dazu bekommen. Danach schauen Sie sich an, was Ihnen eingefallen ist. Stellen Sie fest, ob es Muster gibt, die Sie wiedererkennen. Vermutlich werden Sie dabei weniger über Neues stolpern als vielmehr über Altbekanntes – das Sie entweder bereits wussten oder doch zumindest geahnt haben.

Tragen Sie nun zusammen, was zusammengehört. Bilden Sie Gruppen aus dem, was Ihnen eingefallen ist. Möglicherweise stellen Sie dabei fest, dass alles in die gleiche Richtung weist. Überlegen Sie, ob das Aufgeschriebene Ihrem Bild von sich selbst entspricht. Oder ob es sich um etwas handelt, das Sie zwar vor Augen hatten, das aber nichts mit Ihnen zu tun hatte. Wenn Sie nur eine einzige Gruppe von Begriffen aufgeschrieben haben, könnte es sich dabei entweder um das handeln, was Sie für Ihr Zuhause empfinden, oder um das, was andere von Ihnen erwarten. Versuchen Sie das herauszufinden, und notieren Sie sich Ihre Entscheidung (die Sie jederzeit überdenken und verändern können).

Falls Sie widersprüchliche Begriffsgruppen notiert haben, teilen diese Ihnen etwas über Ihre inneren Gegensätze mit. Versuchen Sie Ihre eigenen Vorstellungen von denen anderer Menschen zu trennen. Wenn Sie dabei Schwierigkeiten haben, dann lassen Sie sich zu jeder der gefundenen Überzeugungen einen Satz einfallen, der zu dem jeweiligen Aufräum- oder Sammelmuster passt. Schließen Sie kurz die Augen, und stellen Sie sich vor, eine Stimme sagte diesen Satz. Falls Sie dabei nicht Ihre eigene Stimme hören, ist die Wahrscheinlichkeit sehr groß, dass es sich um Ordnungsvorstellungen handelt, die Sie von anderen Menschen übernommen haben. Es liegt nun an Ihnen, ob Sie diese weiterhin übernehmen wollen oder durch andere ersetzen möchten.

Falls Sie überhaupt nicht weiterkommen, fragen Sie einen guten Freund oder eine gute Freundin. Zeigen Sie ihnen Ihren Zettel, und beschreiben Sie, worum es geht. Wirkliche Freunde werden Ihnen sagen, wie Sie auf andere wirken. Oder sie kennen Ihre Familiengeschichte und können Ihnen die eine oder andere Beobachtung mitteilen. Achten Sie jedoch unter allen Umständen darauf, dass es sich um Menschen handelt, die Sie schon lange kennen und denen Sie wirklich vertrauen können. Und denken Sie daran, dass die meisten Menschen von dem mit betroffen sind, was Sie machen. Ihre Aussagen können folglich entsprechend gefärbt sein – nicht aus böser Absicht, sondern weil sie sich der eigenen Problemfelder nicht bewusst sind und sie deshalb bei anderen suchen. Schicken Sie Ihre Freunde oder Familienmitglieder deshalb nicht gleich in die Wüste, sondern denken Sie daran, dass Sie in der gleichen Situation auch nicht unvoreingenommen sein könnten.

Finden Sie Ihren eigenen Weg

Wenn Sie ein ungefähres Bild davon haben, welche Ordnungsvorstellungen in Ihrer Familie vorherrschend waren (und es vielleicht immer noch sind), schauen Sie sich in Ihren eigenen vier Wänden um. Liegen bei Ihnen vielleicht ähnliche Stapel herum wie bei Ihren Eltern? Verwenden Sie ähnliche Ausreden, um die Krempelhaufen nicht aufzuräumen? Oder sind Ihre vier Wände das genaue Gegenteil von dem, was bei Ihnen zu Hause los war? Machen Sie sich dabei nichts vor. Sollten Sie die gleichen Verhaltensmuster wie bei Ihren Eltern feststellen, heißt das noch lange nicht, dass Sie so sind wie Ihre Eltern; noch wissen Sie ja gar nicht, ob diese Muster tatsächlich zu Ihnen passen oder ob Sie sie aus reiner Gewohnheit übernommen haben. Ebenso wenig unabhängig sind Sie allerdings, wenn Sie das genaue Gegenteil von dem tun, was bei Ihnen zu Hause üblich war.

Ob Sie sich nun an das halten, was damals erwünscht war, oder immer das genaue Gegenteil machen: In Ihrer Entscheidung frei sind Sie nicht. Im ersten Fall folgen Sie einfach dem, was Sie bereits kennen, und geben damit die Verantwortung für das, was Sie tun, ab. Wenn es in Ihrem Leben nicht so läuft, wie Sie es sich wünschen, dann liegt das eben an Ihrem Elternhaus, dass Sie so geworden sind. Wenn Sie immer das genaue Gegenteil machen, sind Sie ebenso unfrei. Denn dazu müssten Sie erst mal wissen, was der familiäre Normalfall ist. Und Sie müssten sich die Mühe machen, einen anderen Weg zu gehen. In keinem der beiden Fälle entscheiden Sie wirklich aus sich selbst heraus, wie Sie Ihr Leben gestalten wollen.

Wenn Sie Ihr Leben jedoch in die eigenen Hände nehmen und selbst bestimmen wollen, sollten Sie die alten Familienmuster genau betrachten und jene ändern, die nicht zu Ihnen passen. Diese Wahrnehmung und das möglicherweise daran anschließende Aufräumen im Kopf können mitunter sehr schwierig sein. Scheuen Sie nicht davor zurück, professionelle Unterstützung zu suchen, sei es von herkömmlichen Therapeuten oder von Menschen mit schamanischen und/oder rituellen Kenntnissen.

Die Hamster

Hamster sind reizende Tiere. Sie sorgen schon im Sommer für schlechte Zeiten vor und tragen in ihren dicken Backentaschen alles nach Hause, was sie für den nächsten Winter brauchen. Hamster haben das auch nötig. Denn sie haben keinen Supermarkt um die Ecke, in dem sie Nachschub kaufen können, wenn ihnen das Futter ausgeht.

Bei Ihnen ist das anders; auch wenn die echten Hamster unter Ihnen das nicht glauben. Wenn Sie zu dieser Gruppe liebenswerter Chaoten gehören, bewahren Sie sogar einzelne Schuhe auf. Wer weiß, ob Sie sich nicht mal ein Bein brechen und so ein Exemplar gut gebrauchen können. Oder Sie horten zig Tüten Suppe, die letzte Woche im Sonderangebot waren, ohne sie zu mögen.

Anders als der vorsichtige Sammler oder als der Familiensammler, ist der Hamster nicht wählerisch. Egal, worum es sich handelt, er sammelt alles. Hat dieser emsige Zeitgenosse Geschmack, sieht seine Wohnung wie ein Antiquitätenladen aus. Sollte er jemals in echte Geldnot geraten, könnte er einen Trödelladen eröffnen – wenn er sich nur von den Dingen trennen könnte.

Bei Hamstern ist das Habenwollen um des Habens willen besonders ausgeprägt. Alles, ob brauchbar oder nicht, wird eingesackt. Dabei sind diese Menschen durchaus nicht kleinlich – zumindest nicht auf den ersten Blick. Gerne lassen sie Rechnungen längere Zeit herumliegen; denn selbst Geld, das sie anderen schulden, rücken sie ungern heraus. Wenn sie eingeladen sind, halten sie sich am Buffet schadlos und nehmen noch eine Menge für zu Hause mit.

Bei diesem Verhaltensmuster ist viel Angst im Spiel. Fast scheint es, als müsse sich dieser Sammeltyp täglich beweisen, dass von allem mehr als genug da ist. Je mehr er jedoch anhäuft, desto stärker drückt ihn diese Last – und desto unsicherer wird sein Leben.

Test: Gehören Sie zu den Hamstern?

Ob Sie zu den Hamstern zählen, können Sie auf ähnliche Weise herausbekommen wie der vorsichtige Sammeltyp, der eine Vorstufe zum Hamster sein kann.

Machen Sie eine Tour durch Ihre Wohnung, und lassen Sie alles verschwinden, was sich dort befindet. Stellen Sie sich beispielsweise vor, Sie ziehen gerade ein und bringen nichts mit, da Ihre ganze Habe bei einem Brand verloren gegangen ist. Nichts ist übrig geblieben, und Sie haben nur noch die Kleider, die Sie am Körper tragen.

Gehen Sie in Gedanken durch eine völlig leere Wohnung, und spüren Sie Ihren Gefühlen nach. Seien Sie dabei vollkommen ehrlich zu sich selbst. Sie brauchen niemandem von Ihren Ergebnissen zu erzählen. Je aufrichtiger Sie sich selbst gegenüber sind, desto leichter werden Sie überlebte Verhaltensmuster erkennen und nach Ihren Wünschen neu gestalten. Als Hamster sollten Sie das allerdings nicht alleine tun. Holen Sie sich unbedingt Unterstützung, um sich aus dem Hamsterbau auszugraben.

Nach der Rückkehr von Ihrer Reise durch eine leere Wohnung schreiben Sie auf, was Sie erlebt haben. Gerade wenn Ihre Gefühle während Ihres imaginären Rundgangs nicht sehr angenehm waren, werden Sie sie schnell verdrängen und sich unter Umständen nur wenige Stunden später nicht mehr daran erinnern.

Falls Sie die Leere als Erleichterung empfunden haben, ist es an der Zeit, Ihre Wurzeln nicht mehr außen zu suchen. Platzieren Sie dort nur noch einige sorgfältig gewählte Anker. Und beginnen Sie sich innere Sicherheit anzueignen.

3

Elementarkräfte des Lebens

Magische Energie findet sich in jedem Grashalm und in jedem Staubkrümel. Entdecken Sie Ihre Verbindung mit dieser Kraft, und nutzen Sie die Magie der vier Elemente in Ihren vier Wänden.

Um mit Energie zu arbeiten, muss man erst einmal wissen, was Energie ist und wie sie funktioniert. Stellen Sie sich eine sprudelnde Wasserquelle vor: ständig in Bewegung, nie versiegender Nachschub und dauerndes Plätschern im Hintergrund. Ähnlich verhält es sich mit der Energie in allen Lebensbereichen. Ohne Energie würden Sie keinen Atemzug machen. Keine Pflanze würde wachsen, und unser Planet wäre ohne Leben.

Energie ist erst einmal nur vorhanden. Das klingt verblüffend einfach, ist jedoch wert, genauer darüber nachzudenken. Stellen Sie sich ein einfaches Atom vor. Die dort enthaltenen Teilchen werden durch Energie zusammengehalten. Alles, was Sie machen oder nicht machen, hat ebenfalls mit dieser Energie zu tun. Sie ist in Ihrem Körper ebenso vorhanden wie in einem Stein, im Meer oder in Ihrem Auto. So gesehen gibt es zumindest energetisch keinen Unterschied zwischen Ihnen, dem Ozean oder einem Nilpferd im Zoo. Es gibt nur ungezählte Möglichkeiten, wie die einzelnen Energiebausteine aussehen können. Sie erinnern sich sicherlich an die Periodentafeln aus dem Chemieunterricht: Diese begrenzte Anzahl von Elementen produziert in immer neuen Kombinationen unzählige einzigartige Lebewesen. Eines davon sind Sie.

Energie von überall

In Ihren vier Wänden spielen die gleichen Kräfte eine Rolle wie überall sonst auf der Erde. Die besondere Zusammenstellung dieser Energien unterscheidet sich allerdings, und zwar abhängig davon, wo Sie wohnen – ob in einer Betonburg mitten in der Großstadt oder in einem Hexenhäuschen mitten im Wald. Sie ist anders, aber deswegen an einem Ort nicht zwangsläufig besser als an einem anderen. Das Entscheidende ist, sich die vorhandene Umgebung lebensfreundlich zu gestalten. Dabei gibt nicht den Ausschlag, an welchem Ort Sie leben, sondern wie Sie mit diesem Ort verbunden sind. Das heißt

jetzt nicht, dass Sie es sich auf der nächstbesten Müllhalde gemütlich machen sollen, weil Ihnen die giftigen Dämpfe – Magie und Erleuchtung sei Dank – sowieso nichts anhaben können.
Auch zum Aufräumen oder Aufbewahren brauchen Sie Energie. Schließlich müssen Sie Ihr Hinterteil erst mal aus dem Sessel schwingen, um sich ans Werk zu machen. Doch wo müssen Sie mit welchen Energien rechnen?

Energie kennt viele Spielarten

Kehren wir zum Bild der Quelle zurück. Entspringt sie aus flachem Boden oder sprudelt sie aus einer Düne nahe dem Meer, dann besteht sie aus murmelndem Süßwasser oder aus salzigem Wasser der Meeresgischt und jeder Menge Jod. Anders eine Quelle in den Bergen: Dort gibt es Metallablagerungen, die das Wasser braun aussehen lassen (Eisen); und die Luft duftet nicht nach Salz, sondern nach Alpengrün.
Auch zu verschiedenen Jahreszeiten schaut die Quelle unterschiedlich aus. Im Frühjahr führt sie viel Wasser und wird ständig von Regen oder Schmelzwasser aufgefüllt, im Sommer nimmt sie ab, im Herbst nimmt das Wasser wieder zu, und im Winter könnte sie sogar einfrieren. Sie kann unterschiedliche Temperaturen haben, sie könnte versiegen, oder es könnte eine neue Quelle daneben entstehen. Die Zahl der Möglichkeiten ist groß. Das Gleiche trifft auf die Energie zu, mit der Sie in Ihren vier Wänden arbeiten. Sie ist ebenso endlos und ebenso wandelbar. Sie ist da – ob Sie sie für sich selbst nutzen und bewusst einsetzen oder ob Sie sie einfach nur über sich ergehen lassen. Wie die persönliche Energie in Ihrem Zuhause aussieht, hängt zunächst von Ihnen selbst ab und davon, wie Sie diese Energie pflegen. Gleichgültig, wo Sie wohnen: Sie entscheiden darüber, ob es bei Ihnen lebhaft zugeht oder ob Sie Ihr Heim zu einer Erholungsoase machen. Dabei hilft Ihnen die Energie, die vom Ort ausgeht, auf dem Ihr Haus steht.
Grundsätzlich ist genügend Energie vorhanden, und die Kraft der Erde reicht für mehr als nur Ihr Zuhause. Sie brauchen sich also keine Sorgen darüber zu machen, dass die Energie nicht ausreicht oder dass Sie anderen etwas wegnehmen. Ganz im Gegenteil: Je harmonischer und kraftvoller Ihr eigener Lebensraum gestaltet ist, desto besser ist dies für Ihre Umgebung. Ihre vier Wände können dann ein regelrechtes Kraftwerk sein, von dem nicht nur Sie selbst einen Gewinn haben, sondern auch alle Menschen, die mit Ihnen in Berührung kommen und/oder mit Ihnen leben, arbeiten oder Sie besuchen.
Wie die Energie Ihres Lebensbereichs aussieht, hängt darüber hinaus von vielen anderen Voraussetzungen ab: zum Beispiel von ganz praktischen Einflüssen wie der Höhe oder dem Baumaterial Ihres Hauses oder von weniger sichtbaren, aber dennoch wirkungsstarken Beeinflussungen etwa durch Nachbarn oder Haustiere. Im Folgenden erhalten Sie einen Einblick in den Energiefluss unter, in und rund um Ihr Haus, der Ihnen einige Hinweise gibt.

Die Energie Ihrer Umgebung

Wenn es um die Energie in Ihren vier Wänden geht, spielt Ihr Umfeld eine große Rolle. Schauen Sie sich mal bewusst die Umgebung an, in der Sie leben. Gibt es um Sie herum besondere Landschaftsausbildungen, etwa Berge, Seen, Schluchten, Flüsse oder Meer? Wenn ja, dann markieren Sie auf einem Blatt Papier, in welcher Himmelsrichtung – in Bezug zu Ihrem Haus – sich diese befinden. Auf die genaue Entfernung kommt es dabei nicht an; die Richtung und die Energiemenge sind wichtig.

Übung: Umgebungskräfte

Ob Sie sich im Angesicht der Alpen wohl fühlen oder lieber im Wattenmeer spazieren gehen: Ihre Verbindung zu den Kräften und Elementen, die Sie umgeben, ist immer sehr persönlich. Bevor Sie sich daran machen, Ihre Umgebung umzugestalten, stellen Sie am besten fest, wie Sie mit ihr verbunden sind.

Um herauszubekommen, welche Auswirkung ein bestimmtes Landschaftsbild auf Sie hat, führen Sie die folgende Übung durch.

Suchen Sie sich zu Hause einen ruhigen Ort, und setzen Sie sich entspannt hin. Sie können sich auch hinlegen. Schließen Sie die Augen, und atmen Sie ruhig.

Richten Sie nun Ihre innere Aufmerksamkeit auf ein bestimmtes Landschaftsmerkmal, zum Beispiel einen in der Nähe gelegenen Berg.

Visualisieren Sie, wie Sie sich diesem Berg zuwenden, und bitten Sie darum, dass die energetischen Verbindungen zwischen Ihnen und diesem Berg für Sie wahrnehmbar werden. Falls Sie vor allem mit den Augen wahrnehmen, sehen Sie beispielsweise bunte Fäden hin und herlaufen. Wenn Sie keine so ausgeprägte Augenwahrnehmung haben, nehmen Sie die Verbindung anders wahr. Entweder Sie haben eine Eingebung, oder Sie hören etwas oder spüren etwas mit den Händen. Auf welchem Weg auch immer Sie es erfahren, merken Sie sich, wie sich diese Energie anfühlt.

Wenn Sie sich über Ihre Erkenntnisse klar sind, kommen Sie in Ihren Körper zurück. Holen Sie dafür tief Luft, und bewegen Sie Ihre Hände und Zehen.

Schreiben Sie Ihre Erlebnisse auf das Blatt Papier, auf dem Sie notiert haben, wie es um Ihr Haus herum aussieht. Je nachdem, auf welche Art und Weise Sie die Landschaftsmerkmale wahrnehmen, beschreiben Sie sie mit ganz kurzen Worten, zum Beispiel »kühl«, »schnell«, »hoch« oder ähnlich. Die Beschreibung muss nicht völlig logisch sein.

Wenn Sie beispielsweise von Ihrem Haus aufs Meer blicken, könnten Sie dort Kühle wahrnehmen (vom Wasser), oder Sie fühlen Leichtigkeit (weil dem Wind nichts entgegensteht) und Hitze (von der flirrenden

Energie der Sonne, die sich im Wasser spiegelt). Seien Sie so genau wie möglich. Aus Ihren Beobachtungen können Sie nun Schlüsse ziehen, woher für Sie starke oder schwache Energieströme auf Ihr Haus zufließen.
Sie können diese Wahrnehmungsübung auch zu verschiedenen Tages- oder Jahreszeiten durchführen. Da die Energie in Ihrer Umgebung ebenso beweglich ist wie Ihre eigene, werden Sie entsprechende Unterschiede feststellen.
Falls Sie die Übung mit mehreren Bewohnern durchführen, lassen Sie sich nicht irritieren, falls die anderen über völlig andere Wahrnehmungen berichten als Sie. Da Ihre eigene Energie sich von der anderer Menschen unterscheidet, fällt auch Ihre Wahrnehmung unterschiedlich aus.

Die Energie Ihres Hauses

Je nachdem, wo Ihr Haus steht und wie es gebaut ist, unterscheidet sich seine Energie von Gebäuden anderer Art. Wenn Sie in einer Etagenwohnung neuerer Bauart leben, wohnen Sie wahrscheinlich in einem Betonbau. In Ihrer Umgebung finden sich Holz, Stahl und Kunststoffe. All diese Materialien haben eine eigene Ausstrahlung und tauschen sich mit Ihrer persönlichen Energie aus.
Um ein Gefühl dafür zu bekommen, wie Ihre unmittelbare Umgebung auf Sie wirkt, führen Sie die gleiche Wahrnehmungsübung durch wie zu Ihrer Umgebung. Berücksichtigen Sie, ob Sie alleine leben oder mit anderen Menschen zusammen. Gemeint sind nicht nur Mitbewohner Ihres Hauses oder Ihrer Wohnung, sondern auch Nachbarn, mit denen Sie Tür an Tür und Wand an Wand wohnen. Machen Sie sich zu all diesen Einflüssen Notizen. Beschreiben Sie sehr kurz, aber möglichst genau, wie Sie das jeweilige Miteinander empfinden. Lassen Sie sich nicht ablenken, wenn Ihnen Ihre Eindrücke zunächst nicht logisch erscheinen.

Die Energie der Himmelsrichtungen

Mittlerweile wissen Sie, was für Sie Krimskrams ist. Und Sie haben erfahren, welcher Aufbewahrungstyp Sie sind. Nun wird es Zeit, die Grundlage für energetisches Aufbewahren und Weggeben genauer zu betrachten. Vermutlich sind Sie mit den Himmelsrichtungen Ost, Süd, West und Nord vertraut, so dass Sie eine ungefähre Vorstellung haben, welche Energien in den vier Richtungen für Sie wichtig sind. Dass die Energie der vier Himmelsrichtungen Ihr Leben beeinflusst, drückt sich nicht gleich in Erdbeben oder ähnlich gewaltigen Ereignissen aus, sondern eher in kleinen Dingen. Stellen Sie sich das Ganze wie Wasser vor: Wenn es lange genug tropft, höhlt es jeden Stein. Dass auch Sie den Energiefeldern der Himmelsrichtungen ausgesetzt sind, spüren Sie beispielsweise, wenn Sie umziehen oder sich in einem anderen Land aufhalten.

Machen Sie sich ein Bild von dem Ort, an dem Sie leben. Schauen Sie sich an, wie es in Ihrer Umgebung aussieht, welche Elemente reichlich vorhanden, welche selten sind, woher Sie Ihre tägliche Energie beziehen und wie Sie diese im Rahmen Ihres Wohnumfeldes am besten unterstützen können. Betrachten Sie darüber hinaus die Kraft der Himmelsrichtungen und der dazugehörenden Elemente; denn auch Ihr Aufräumstatus hat etwas mit Energie zu tun.

Unterschiedliche Lebensräume

Wie entscheidend es ist, wo Sie sich aufhalten, und welche Bedeutung die dortige Energie hat, sei an einem Beispiel dargestellt. Wenn Sie in Hannover leben, geht bei Ihnen die Sonne im Osten auf, steht mittags im Süden und geht im Westen unter. Folglich ist Norden die kälteste Himmelsrichtung. Dem Sonnenlauf folgend, schließen Sie Ihren magischen Kreis rechtsherum und öffnen ihn wieder in entgegengesetzter Richtung. Leben Sie dagegen in Sydney, geht die Sonne im Osten auf, wandert dann aber über Norden nach Westen. Der Süden ist die Himmelsrichtung der Kälte. Auch Ihr magischer Kreis funktioniert dort anders, da sich die Energie anders bewegt. In unseren Breiten feiern wir Mitte Juni Mitsommer, während die Australier zur selben Zeit Mitwinter zelebrieren. Folgen Sie also einem natürlichen Kalender, gibt es keine allgemein gültigen Feste.

Ebenso unterschiedlich wie in Europa und Australien sind auch die Kräfte in Zentralrussland, Irland oder Indien. Ozeane, Landmassen und Gebirge verändern die Kräfte der Erde und beeinflussen die Menschen, die auf ihr leben. Schauen Sie sich genau an, wo Sie zu Hause sind. Sicher wissen Sie, welche größeren Gewässer, Berge oder anderen landschaftlichen Gegebenheiten sich in Ihrer Umgebung befinden. Falls Sie sich nicht sicher sind, schauen Sie einfach auf eine Landkarte. Wichtig ist auch, welche Temperaturen, Luftfeuchtigkeit und sonstigen Umgebungsbedingungen bei Ihnen herrschen. Am besten schreiben Sie alles auf, damit Sie nichts Wichtiges vergessen und nachschauen können.

Der folgende Abriss über die Energie der vier Himmelsrichtungen folgt der keltisch-westlichen Tradition. In anderen Kulturen haben sich andere Traditionen entwickelt, die Sie ebenso anwenden können, falls Sie in den entsprechenden Ländern wohnen. Achten Sie aber darauf, dass Sie verschiedene Traditionen erst dann mischen oder von anderen Kulturen in Ihre eigene übertragen, wenn Sie sich ganz sicher sind, sie genau verstanden zu haben. Sie kommen sonst leicht durcheinander und verschwenden Energie mit dem Befolgen von Regeln, die nichts mit Ihrem Umfeld zu tun haben.

Osten – Leichtigkeit der Luft

Traditionell beginnen Sie mit dieser Himmelsrichtung, wenn Sie einen magischen Kreis schließen wollen. In der Himmelsrichtung der aufgehenden Sonne finden Sie das

Element Luft. Luft steht für alles, was in Bewegung ist. Falls Sie also Dinge verändern wollen, tun Sie gut daran, sich mit diesen Kräften zu beschäftigen und zu verbinden. Gerade wenn Sie es nicht so mit dem Nachdenken haben, kann Sie diese Kraft dabei unterstützen. Zum Element Luft gehören die Farbe Gelb, alle kopfgesteuerten Prozesse, jede Art von Kommunikation, ob Computer oder Brieftaube, die Kraft der Bewegung, Frische.

Luft steht für Ihren wachen Verstand und Ihre Intelligenz. Am leichtesten können Sie sich die Energie dieses Elements vorstellen, wenn Sie ans Fliegen denken: reine Bewegung an frischer Luft. Sie finden das Element außerdem in allem, was Geräusche erzeugt, zum Beispiel in jeder Art von Musik, und in allen Instrumenten, die Sie mit Luft zum Klingen bringen (Flöte, Posaune und so weiter). Ebenso gehören Gehör und Geruch – die Sinne, die besonders mit der Luft verbunden sind – zu dieser Himmelsrichtung.

Die Kraft der Luft ist nach außen gerichtet. Sie können sie besonders gut nutzen, wenn Sie etwas losschicken wollen, es muss nicht per Luftpost sein.

Wenn Sie in der Nähe von Bergen oder hohen Gebäuden leben, finden Sie an deren Spitze besonders viel von dieser Kraft. Obendrein an allen Orten, die etwas mit Austausch zu tun haben: Flugplätze, Schulen, Büchereien, Büros, Reiseagenturen, psychiatrische Praxen. Zur Luft passen alle Rituale, die etwas mit Reisen, Lernen und Unterricht, Freiheit, oder mit dem Finden verlorener Gegenstände zu tun haben.

Luftrituale

Umsetzen können Sie diese Rituale am besten, wenn Sie sich typische Luft-Handlungen ausdenken: Werfen Sie etwas in die Luft, hinterlassen Sie Gegenstände an hoch gelegenen Orten, fächeln Sie über Ihrem Ritualgegenstand. Visualisieren Sie, und nutzen Sie zum Beispiel die Kräfte des bejahenden Denkens und von Affirmationen (etwa »ich bin groß und stark«). Auch andere Formen der Verständigung, etwa das Wahrsagen, passen gut zur Kraft der Luft, denn sie dienen der Information. Auf der praktischen Ebene gehören alltägliche Dinge wie Computer und Internet zum Element Luft.

Für Ihre luftigen Rituale verwenden Sie zum Beispiel duftende Kräuter, Blumen oder alles andere, was fein riecht. Entsprechend steht an der östlichen Seite Ihres Ritualkreises Ihr Räucherwerk. Sie können das Element Luft auch mit Federn ausdrücken. Sie sollten buchstäblich vom Himmel gefallen sein, das heißt, Sie sollten sie selbst gesammelt haben.

Wenn Sie Steine verwenden, achten Sie darauf, dass sie für Sie die Qualität der Luft – Leichtigkeit und Bewegung – ausdrücken, also zum Beispiel durchscheinend sind. Für Luftrituale eignen sich besonders der frühe Morgen – die Zeit des Sonnenaufgangs – und der Frühling.

Falls Sie mit Krafttieren arbeiten, gehören zum Element Luft die meisten Vögel, fliegende Insekten und alles, was Sie sonst noch an Luft erinnert. Fragen Sie einfach das Tier, mit

dem Sie zusammenarbeiten wollen, ob die gemeinsame Arbeit im Zeichen der Luft einen Sinn ergibt.
Hinweis: Lassen Sie sich nicht einfach so auf schamanische Reisen zu Ihrem Krafttier ein, ohne darüber mehr Wissen zu erwerben, damit Sie keine unliebsamen Überraschungen erleben, mit denen Sie oder andere nicht richtig umgehen könnten.

Süden – Stärke des Feuers

Auf den Osten folgt im magischen Kreis der Süden, zu dem in der westlichen Tradition das Element Feuer gehört (falls Sie sich gerade auf der Südhalbkugel aufhalten, gilt das Folgende für den Norden). Zum Element Feuer und der Himmelsrichtung Süden gehören alle schöpferischen Ideen, Liebe, Lust und Leidenschaft; doch auch andere mächtige Gefühle wie Hass und seine Auswirkungen, etwa Kriege. Auch jede Form von Wettstreit, von Olympiade bis Pferderennen, gehört zum Süden und zum Element Feuer. Ebenso die Farbe Rot und der Lebensfunke, mit dem alles anfängt.
Feuer ist der größte Verwandler unter den Elementen, da es nichts bewegt, ohne etwas anderes zu verändern: Aus Masse und Luft wird Flamme, die Elemente Erde und Luft verwandeln sich zu Feuer. Damit eignet sich dieses Element besonders gut, wenn Sie etwas verändern wollen. Wenn Sie beispielsweise Ihr Leben oder Ihr Umfeld neu gestalten möchten, nutzen Sie ein großes Feuer, um alles loszuwerden, was Sie anderweitig nicht verwerten können. Wenn es keine tatsächlichen Gegenstände sind, die Sie der wandelnden Kraft der Flammen anvertrauen wollen, dann schreiben Sie wenigstens Ihre Absichten auf einen Zettel, und verbrennen Sie diesen stellvertretend auf einem extra entzündeten Feuer. Sie sollten sich allerdings ganz sicher sind, was Sie sich vom Feuer wünschen. Denn seine Kraft ist gewaltig und setzt garantiert etwas in Bewegung.
Sie finden die Kraft des Feuers an allen Orten, die etwas mit starker Energie oder Hitze zu tun haben. Dazu gehören Wüsten, Vulkane und alle Arten von Feuerstellen; ebenso körperliche Anstrengung, Sportplätze und die anschließende entspannende Sauna. Im Haus gehört Ihr Schlafzimmer teilweise zu diesem Element.
Feuerenergie muss nicht hektisch sein, vielmehr geht es um die Kraft, die hinter diesem Element steckt. Eine besonders spannende Kombination zwischen Feuer- und Wasserenergie sind übrigens heiße Quellen. Wenn diese dann auch noch Salz enthalten, bekommen Sie auch noch eine Ladung Erdkräfte mit.
Probieren Sie es mal aus: Schon ein heißes Bad, mit Salz versetzt, gibt Ihnen eine Ahnung von der Kraft, die in den natürlichen Quellen steckt. Falls Sie in der Nähe von Solebädern wohnen, tanken Sie dort regelmäßig auf. So, wie Feuer Wärme abstrahlt, ist die Kraft des Elements nach außen gerichtet. Sie können sie besonders gut nutzen, wenn Sie etwas wegschicken wollen.

Feuerrituale

Wenn Sie ein Ritual vorhaben, arbeiten Sie mit allem, was gerade erst im Werden ist. Dazu gehört auch jede Form von Liebeszauber, unabhängig davon, ob es sich dabei um DIE große Liebe handelt oder um die Liebe zur Menschheit, zu Ihrem Haustier oder Teddybär. Falls Sie in Ihrem Ritual Feuer verwenden wollen, entzünden Sie am besten ein richtiges Lagerfeuer. Vorsicht beim Verbrennen von Papier: Es über einer Kerze zu verbrennen ist gefährlich, und obendrein brennt es nicht besonders gut. Anstelle eines Feuers können Sie auch Samen in einen Blumentopf einsetzen (wenn Sie zum Beispiel eine neue Liebe wachsen lassen wollen), da dieses Urkorn des Werdens ebenfalls zum Element Feuer gehört. Oder Sie zaubern mit anregenden oder scharfen Kräutern und Gewürzen, mit stacheligen oder dornigen Pflanzen. Sie können auch rote Steine verwenden oder die Metalle Gold oder Messing. Wenn Sie das Ganze musikalisch begleiten wollen, nehmen Sie zum Beispiel eine Gitarre oder jedes andere Saiteninstrument.

Die beste Jahreszeit für Feuerzauber ist der Sommer, die beste Tageszeit der Mittag. Zu den Krafttieren dieses Elements gehören zum Beispiel die Schlange, der Salamander, Bienen, Skorpione, die Heuschrecke und der Marienkäfer. Zu Ihrem Feuerritual zählt außerdem alles, was mit dem Sinn des Sehens in Verbindung steht. Malen Sie also Bilder oder einfach nur Ihren Wunsch in die Glut eines Feuers.

Westen – heilende Wasser

In der europäischen Tradition gehört das Element Wasser zum Westen. Die Kraft des Wassers scheint sanft, sie ist zwar ständig in Bewegung, aber meistens unauffällig. Ein Fluss fließt immer in dieselbe Richtung, Ebbe und Flut folgen aufeinander ohne Unterbrechung. Selbst wenn wir von einem Regenschauer mal nass werden, betrachten wir das nicht als Naturkatastrophe.

Doch Wasser versetzt Berge, denken Sie nur an den Grand Canyon. Das dauert zwar Tausende von Jahren, doch die Kraft des Wassers hat einen langen Atem. Gleichzeitig ist sie mit Heilung, Träumen, der inneren wie äußeren Reinigung und der Herzensliebe, der Menschheitsliebe, verbunden. Während sich die Feuerrituale zum Thema Liebe eher um Leidenschaft oder Sex drehen, geht es bei den Wasserritualen eher um Gefühlstiefe. Außerdem ist der Westen in der keltischen Tradition Europas die Himmelsrichtung, in der die Ahnen wohnen.

Wenn Sie sich um irgendwelche Familienangelegenheiten kümmern und dazu ein Ritual durchführen wollen, sind Sie beim Element Wasser richtig. Die Kraft des Wassers eignet sich darüber hinaus für alle Reinigungs- und Liebesrituale (denn dabei geht es um Gefühle). Falls Sie Ihre Hellsichtigkeit stärken oder Ihre Traumarbeit unterstützen wollen, ist dieses Element dafür besonders gut geeignet; es bietet sich auch für alle Rituale zu Themen wie Frieden, Freundschaft – bis hin zur Hochzeit – an.

Nutzen Sie die Wirkungskraft des Elements an allen Orten, die mit Wasser verbunden sind: Meer und Seen, Flüsse, Quellen, Springbrunnen oder auch Ihr Badezimmer. Wenn Ihr Bad gar in Blau – der Farbe des Wassers – gehalten ist, haben Sie jederzeit einen Platz für Wasserrituale.

Wasserrituale

Die Energie des Elements Wasser eignet sich am besten für alles, was Sie anziehen oder an sich binden möchten. Deswegen können Sie Wasser jedoch ebenso für Rituale nützen, in denen Sie etwas loswerden wollen. Dafür legen Sie größere Betonung auf den reinigenden Anteil des Wassers. In welcher Form Sie Wasser verwenden – Quellwasser (dazu gehört auch Mineralwasser aus einer Flasche), Leitungswasser, Eis, Dampf oder eine Mischung aus diesen –, liegt bei Ihnen. Sie können in einem Ritual mit Wasser etwas auflösen und verdünnen oder es einem fließenden Gewässer übergeben (dazu gehört auch ein Bad in Ihrer Badewanne oder sogar eine Dusche).

Auch Blumen eignen sich für Wasserrituale, vor allem Wasserpflanzen oder Meerespflanzen wie Algen oder Seetang. Denken Sie dabei an die jeweilige Eigenschaft der Pflanze: Ein Kaktus eignet sich beispielsweise nicht dafür, ausschweifende Gefühle der Liebe zu symbolisieren. Dafür wäre eine Rose besser geeignet, weil Sie bei diesem Symbol auf die jahrhundertealte Energieübertragung zurückgreifen können.

In Ihrem magischen Kreis steht der Kelch oder ein Glas mit Wasser für diese Himmelsrichtung. Verwenden Sie kein Plastik oder Metall (außer Silber). Falls Sie mit Steinen arbeiten wollen, verwenden Sie durchsichtige oder durchscheinende Steine wie Amethyst oder Aquamarine in den Farben Blau oder Blaugrün. Traditionell gehört zum Element Wasser der Mond – und damit das Metall Silber, Spiegel und Magnete. Benutzen Sie Glocken oder andere widerhallende Instrumente, um die Wasserenergie zu verstärken. Ihre Katze kann beim Ritual ruhig dabei sein, da Sie zum Element Wasser gehört, ebenso alle Tiere, die im Wasser leben, zum Beispiel Frösche, Schildkröten, Delphine, Wale, Otter, Seehunde und die meisten Krustentiere. Die richtige Zeit für Ihre Rituale ist während des Sonnenuntergangs und der Abenddämmerung, die passende Jahreszeit sind der Herbst und die Zeit der Ernte. Zum Wasser gehört der Geschmackssinn; Sie könnten also ein Festessen kochen und das mit Ihrem Ritual verbinden. Wählen Sie saftige und fleischige Zutaten aus.

Norden – die Kraft der Erde

Ihr magischer Kreis geht im Norden in das Element Erde über. Zur Erde zählt alles von trockenem Sand bis zum Felsbrocken im Gebirge. Diesem Element kommt im Kreis eine wahrhaft tragende Rolle zu, da Ihnen ohne die Erde buchstäblich der Boden unter den Füßen fehlt. Wenn Sie magisch arbeiten wollen und in Ihren Ritualen mit dem Element

Erde umgehen wollen, sollten Sie dieses nicht als unbelebt oder von sich getrennt erleben. Bei den Elementen Wasser, Luft oder Feuer kann man sich leicht vorstellen, dass sie in Bewegung sind. Bei der Erde ist das anders. Sie sehen zwar, dass aus der Erde heraus etwas wächst; doch wer nimmt schon bewusst war, dass sich die Erde selbst bewegt? Die meisten Menschen leben eben nicht in einem Gebiet, das von Erdbeben heimgesucht wird oder in der Nähe eines aktiven Vulkans liegt. Für einen Berg ist Ihr Leben nur ein Wimpernschlag. Da kann man dessen Bewegung schon mal leicht übersehen. Machen Sie sich bewusst, dass Sie es mit einem lebenden Organismus zu tun haben, dessen Energiefeld Sie unablässig beeinflusst und zu Ihrem Wohlbefinden beiträgt. Falls Sie vom elektromagnetischen Feld der Erde getrennt würden, versagten über kurz oder lang Ihr vegetatives Nervensystem und viele Ihrer Körperfunktionen.

Falls Sie nicht ganz sicher sind, ob Sie wirklich gut mit diesem Element verbunden sind, dann nehmen Sie sich etwas Zeit, um sich jeden Tag mindestens einmal richtig zu erden. Eine einfache Möglichkeit dazu finden Sie weiter unten in diesem Kapitel.

Das Element Erde trägt, nährt und macht standfest. Sie können jeden Zauber anwenden, der etwas mit Stofflichkeit zu tun hat: von Reichtum bis zum neuen Job, vom Eigenheim bis zum grünen Daumen. Die Erde ist das dichteste der Elemente und entspricht einer aufnehmenden Kraft. Außerdem sind Sie bei Mutter Erde auch gut aufgehoben, wenn Sie Familienzuwachs planen oder sonst irgendetwas auf dem Herzen haben, das mit Fruchtbarkeit zu tun hat. Die Farben der Erde sind die des Grün und der lebenden Pflanzen: Grün, Braun und Schwarz.

Besonders einfach finden Sie eine Verbindung zum Element Erde, wenn Sie sich in Höhlen, Bergen und Tälern, Wäldern, auf Weiden und Feldern, in Gärten und Parks aufhalten; ebenso auf einem Bauernhof, im Gewächshaus, auf dem Wochenmarkt, im Kinderzimmer, im Keller und an allen unterirdischen Orten (Bodenvertiefungen genauso wie große oder kleine Erdspalten).

Erdrituale

Verwenden Sie für Erdrituale alles, was Sie mit diesem Element in Verbindung bringen: Vergraben Sie etwas, pflanzen Sie eine Blume, stellen Sie Gegenstände aus Ton her, malen Sie im Sand oder auf dem Erdreich. Besonders gut eignet sich die Kraft der Erde dazu, etwas anzuziehen, zu binden oder zu festigen. Verwenden Sie dazu zum Beispiel Knotenmagie oder einige Fruchtbarkeitsriten. Besonders für Frauen eignen sich Rituale mit ihrem eigenen Blut (speziell Menstruationsblut). Außerdem können Sie jede Art von Wurzelgemüse oder erdige, niedrig wachsende Pflanzen einsetzen. Sie können auch Nüsse oder andere haltbare Früchte verwenden (Obst gehört als Gattung jedoch eher zum Element Wasser). Für das Element Erde können Sie sich außerdem jede Art von Steinen zunutze machen, da sie von Natur aus bereits

mit der Erde verbunden sind. Doppelt geeignet sind Steine, die schwer und undurchsichtig sind, besonders alle grünen Varianten wie Smaragd oder Peridot. Sie können auch Metall verwenden, zum Beispiel Eisen und Blei. Achten Sie bei Letzterem allerdings darauf, dass Sie es nicht in einer Form anwenden, die Ihrer Gesundheit schaden könnte, da Blei giftig ist.
Krafttiere für dieses Element sind alle, die in der Erde graben und/oder leben – wie zum Beispiel der Maulwurf – sowie Hund, Pferd, Ameise, Kuh und andere Tiere, die besonders mit nährender Energie in Verbindung stehen. Verwenden Sie für Ihre Rituale oder einfach nur für eine gute Verbindung zum Element Erde Trommeln oder andere Schlaginstrumente, da diese den Herzschlag der Erde darstellen.
Die richtige Zeit für Ihr Ritual ist die Nacht, nach Sonnenuntergang; die richtige Jahreszeit ist der Winter, die Ruhezeit, in der sich alles auf neues Wachsen und Gedeihen vorbereitet. Erdverbunden ist auch der Sinn, der zu diesem Element zählt: der Tastsinn.

Die Mitte – das fünfte Element

Die Magie kennt bei Ritualen noch ein fünftes Element. Sie können es Mitte nennen, Spirit, Akasha oder wie immer Sie mögen. Es genau zu beschreiben ist schwierig, denn es verbindet alle Gegensätze miteinander. Spirit schließt Kälte und Hitze ein, oben wie unten und alles andere, das sich mit einem »sowohl als auch« bezeichnen ließe. In dieser Mitte treffen sich auch alle Elemente. Dort finden der machtvollste Austausch und die größten Veränderungen statt. Lassen Sie deshalb in der Mitte Ihrer Räume immer genug Platz, damit sich diese Energie bewegen kann.

Welcher Energietyp sind Sie?

Einige von Ihnen haben beim Lesen der Beschreibungen der Elemente sicher bereits Ideen gehabt, welches der Elemente in ihrem Leben eine große Rolle spielt bzw. welches weniger bedeutend ist. Wenn Sie herausbekommen wollen, welche Lebensumstände Ihnen wirklich gut tun, dann sollten Sie mal genauer hinsehen. Welches der Elemente schieben Sie gerne mal weg (obwohl Sie es dringend brauchen könnten), und welches holen Sie immer wieder in Ihr Leben (obwohl Sie davon schon mehr als genug haben)? Vermutlich sind auch Sie ein Gewohnheitstier und greifen gerne nach der gleichen Joghurtmarke oder dem vertrauten Aftershave. Jede Auswahl, die Sie treffen, bringt ihre eigenen Energien mit sich. Diese Kräfte wiederum verbinden sich mit denen, die Sie in sich tragen und die Sie mehr zu einem Luft-, Wasser-, Feuer- oder Erdenwesen machen.
Ein wenig über Ihre Verbindung zu den Elementen wissen Sie ja bereits durch die Übungen aus dem vorherigen Kapitel. Um Genaueres darüber zu erfahren, welche Elemente in Ihrem Leben welche Rolle spielen, machen Sie folgenden Test.

Test: Finden Sie Ihr bevorzugtes Element

In der westlichen Tradition gibt es vier Elemente: Luft, Feuer, Wasser und Erde. Welche dieser Geister in Ihrem Leben eine Hauptrolle spielen, bekommen Sie heraus, wenn Sie Ihre Umgebung etwas genauer unter die Lupe nehmen.

1. Schreiben Sie auf, in welchem Sternzeichen Sie geboren sind und welcher Aszendent zu Ihnen gehört. Sternzeichen und Aszendent sind jeweils einem Element zugeordnet. Schreiben Sie dafür ein kleines »l« für Luft, ein »f« für Feuer und so weiter hinter die Aufzählung der Tierkreiszeichen.

   Luft: Zwillinge, Waage, Wassermann ....
   Feuer: Widder, Löwe, Schütze ....
   Wasser: Krebs, Skorpion, Fische ....
   Erde: Stier, Jungfrau, Steinbock ....

2. Als Nächstes sehen Sie sich an, welche Farben Sie in Ihrem Zuhause bevorzugen. Es geht dabei nicht allein darum, welche Farbe offiziell zu einem der Elemente gehört. Wenn Sie persönlich beispielsweise bei Grün ans Meer statt an einen Wald denken, dann gehört diese Farbe für Sie eben zum Element Wasser und nicht zum Element Erde. Verwenden Sie die folgende Liste also nur als Anhaltspunkt. Alle blassen Farben können Sie ihren Ursprungsfarben zuordnen, also zum Beispiel rosa zu rot, lavendelfarben zu blau und so weiter. Lassen Sie sich von Ihrer Eingebung leiten. Falls Ihr Lilaton eher zu Rot als zu Blau gehört, dann ordnen Sie ihn eben dem Element Feuer statt Wasser zu. Sollten alle Ihre Wände weiß sein und sich auch bei Ihrer Einrichtung keine Hinweise ergeben, gehen Sie einfach zur nächsten Frage über.

   Luft: Gelb, alle Schattierungen von Gelb, besonders zarte Farbgebungen, Aluminium, Zinn. ....
   Feuer: Rot; Orange; alle Farben, die mit Flammen in Verbindung stehen; Gold. ....
   Wasser: Blau in allen Schattierungen, von Himmelblau bis Indigo, Türkis bis Lila; alle anderen Farben des Wassers; Silber. ....
   Erde: Grün und alle Blattfarben, Braun und alle Erdfarben; Kupfer. ....

3. Sehen Sie sich nun an, wo Sie wohnen. Nehmen Sie einen Zettel, und schreiben Sie drauflos. Verwenden Sie dabei keine vollständigen Sätze, sondern lediglich Stichworte (damit Ihr Kopf gar nicht erst anfängt, das Ganze im Vorhinein zu erforschen). Schreiben Sie alle Begriffe auf, die Ihnen in den Sinn kommen, bis Ihnen nichts mehr einfällt. Sortieren Sie nun Ihre Stichworte. Manches haben Sie möglicherweise doppelt aufgeschrieben

oder Ähnliches nur mit anderen Worten ausgedrückt. Suchen Sie die zehn wichtigsten und offensichtlichsten Merkmale aus, und verteilen Sie Elemente-Punkte. Der wichtigste Begriff bekommt zehn, der nächste neun und so weiter. Wenn an erster Stelle beispielsweise Ihre heiß geliebte Badewanne steht, vergeben Sie zehn Wasserpunkte. Ihre Gartenschaukel bekäme danach neunmal Luft, der Herd achtmal Feuer und so fort. Zählen Sie die Punkte zusammen, und tragen Sie die Anzahl in die Tabelle ein.

4. Schreiben Sie auf, welche Tages- und Jahreszeit Ihnen in Ihrem Zuhause am meisten von dem vermittelt, das Sie von Ihrem Heim erwarten. Vielleicht mögen Sie im Urlaub, im Job und Zuhause unterschiedliche Energien. Suchen Sie nicht nach einem vollständigen Bild; beschränken Sie sich auf die Energie an dem Ort, an dem es für Sie um Verwurzelung und Seinlassen geht (und wo Sie unter Umständen aufräumen möchten). Denken Sie nicht lange darüber nach. Wenn Sie sich absolut nicht entscheiden können, dann schreiben Sie eben zwei oder sogar drei Möglichkeiten nieder. Notieren Sie auch hier wieder die entsprechenden Buchstaben passend zu den Elementen.

Zum Schluss tragen Sie für jede Frage die entsprechende Anzahl der Elemente-Punkte als Strichliste in die Tabelle ein und zählen die Punkte in der letzten Spalte zusammen.

	Frage 1	Frage 2	Frage 3	Frage 4	Ergebnis
Luft	....	....	....	....	....
Feuer	....	....	....	....	....
Wasser	....	....	....	....	....
Erde	....	....	....	....	....

Sie haben nun einen Überblick, welches Element Ihnen besonders vertraut und lieb ist. Wenn Sie die überwiegende Anzahl Ihrer Striche dem Wasser zugeordnet haben, können Sie dieses Element besonders gut für Ihre rituelle Arbeit nutzen; obendrein haben in Ihrer Umgebung reichlich davon. Falls Ihnen ein Element völlig fehlt oder Sie dort nur ganz wenige Striche haben, sollten Sie sich etwas Zeit nehmen, um sich gerade mit diesem Element besser vertraut zu machen. Hier könnten Energien brach liegen, die Sie in Ihrem Alltag gut gebrauchen können. Um sich weiter mit den Elementen vertraut zu machen, die Ihnen fehlen, lesen Sie noch einmal die Informationen zu dem entsprechenden Element durch. Machen Sie ruhig mal eine »Wasser-Woche« oder einen »Luft-Tag«. Genaue Anleitungen zu diesem Thema finden Sie in meinem Buch »Hexen-Einmaleins für freche Frauen«.

Fehlende Energien ersetzen

Sie wissen nun, welche Energien derzeit in Ihrem Leben reichlich, ausreichend oder wenig vorhanden sind. Stellen Sie jetzt fest, welche Energien Sie zusätzlich oder stattdessen haben möchten. Das bedeutet nicht, dass Sie Ihr Haus in den Bergen gegen eins am Meer austauschen sollen; sie brauchen nicht gleich umzuziehen, um die Wasserenergie zu steigern. Vielmehr geht es darum, alles ins Gleichgewicht zu bringen und Ihre Umgebung so zu gestalten, dass Sie sich harmonisch mit ihr verbinden. Wenn Ihnen das gelingt, geht es Ihnen besonders gut – zu den Aufräumstapeln, die noch im Weg liegen, kommen wir später.

Denken Sie zu guter Letzt darüber nach, an welchen Orten Sie sich besonders wohl fühlen. Wenn Sie sich dies klarmachen, bekommen Sie zusätzliche Informationen, mit welchen Elementen und Energien Sie einerseits besonders vertraut sind und welche Ihnen andererseits fehlen könnten. Machen Sie sich auch hierzu wieder Notizen, denn bei dieser Aufstellung kommen Sie mit einer Strichliste nicht aus.

Bewahren Sie Ihre Tabelle sorgfältig auf, damit Sie die Liste später vervollständigen und erweitern können, wenn Sie Ihre eigenen vier Wände auf die Verteilung von Elementenmagie hin prüfen. Auf diese Art haben Sie für die Zukunft immer einen energetischen Fingerabdruck Ihres Domizils zur Hand, der Sie beim Einrichten, Umstellen, Aufbewahren und Wegwerfen unterstützen wird.

Test: Welchen Ort mögen Sie besonders?

Betrachten Sie genau, welche Orte Ihnen einfallen, von denen Sie sich besonders angezogen fühlen.

Sie fühlen sich zum Beispiel besonders von Bergen angesprochen: Wenn Sie sich am liebsten auf deren Gipfeln aufhalten, dann haben Sie dort besonders viel Luftenergie, während Sie in den Tälern eher Erdenergie vorfinden. Wenn Sie besonders gerne schwimmen, haben Sie eine Neigung zu den Kräften des Wassers; falls Sie die blinkenden Lichter einer Disko mögen, lieben Sie besonders die Feuerenergie. Lassen Sie sich etwas Zeit, um herauszubekommen, wo und wie Sie sich in Ihrem Element fühlen. Machen Sie eine Beliebtheitsskala: Schreiben Sie der Reihe nach auf, wo Sie sich am liebsten aufhalten oder aufhalten würden. Vielleicht wollten Sie schon immer durch die Hitze der Sahara wandern und sind bisher nur noch nicht dazu gekommen. Die Energie des Ortes, an dem Sie sich besonders gerne aufhalten, wird Ihnen mitteilen, was Ihnen besonders gut tut, was Sie entspannt oder was Ihnen fehlt. Gehen Sie daraufhin Ihre Orte durch, und markieren Sie sie entsprechend. Folgen Sie dabei hauptsächlich Ihrem Gefühl, und grübeln Sie nicht zu ausgiebig. Wenn Sie nicht ganz sicher sind, sortieren Sie einen Ort ruhig mehrmals ein.

Magische Energie in Ihren vier Wänden

In Ihren vier Wänden steht Ihnen unbegrenzte Energie zur Verfügung. Um sie nutzen zu können, brauchen Sie nur zu wissen, wo Sie sie suchen sollen.

Falls Sie in Ihren vier Wänden Stapel entdecken, die dort nicht wirklich hingehören, oder Ansammlungen von Haushaltsgegenständen, Kleidung oder Nippes, die Sie zwar gelegentlich betrachten oder in die Hand nehmen, aber nie benutzen, ist es endlich an der Zeit, diese wegzuwerfen oder fortzugeben. Inzwischen wissen Sie ja, welcher Gerümpeltyp Sie sind und welche Art von Umgebung Sie brauchen.

Sie wissen mittlerweile auch einiges über die Energien der vier Himmelsrichtungen und der Elemente und haben außerdem eine Vorstellung, welche Energien in Ihren vier Wänden zu Hause sind. Nachdem Sie nun auch Ihre eigene Energie besser kennen, sollten Sie sich nochmals der Energie Ihrer Wohnung zuwenden, um ein ausgeglichenes Umfeld zusammenzustellen, das Sie kraftvoll in Ihrem Leben unterstützt.

Dass Ihr Haus nicht nur aus vier Wänden besteht, wissen Sie; denn Sie leben dort und kennen die Stimmungen Ihrer Umgebung genau. Zu diesen unterschiedlichen Zuständen tragen alle Bewohner Ihrer Wohnung bei, von der Großmutter bis zur Miezekatze; auch die Art und Weise, wie Energie von außen in Ihr Domizil kommt, hat darauf einen Einfluss. Im günstigsten Fall sind alle Energien der Elemente in Ihrer Wohnung so verteilt, dass Sie sich damit wohl fühlen.

Übung: Krempel in den vier Himmelsrichtungen

Hier geht es um die Berge von Kleinigkeiten, die Ihnen zur Zeit mehr oder weniger im Weg sind. Betrachten Sie diese in der folgenden Übung genauer, und rücken Sie ihnen dann auf den Pelz.

Nehmen Sie einen Kompass zur Hand, und legen Sie als Erstes fest, wo sich in Ihrem Haus die vier Himmelsrichtungen befinden. Dabei kommt es nicht auf zwei oder drei Grad an; dennoch sollten Sie so genau wie

möglich arbeiten. Beschaffen Sie sich nun einen Grundriss Ihrer Wohnung und einen gelben, roten, blauen und grünen Stift.
Gehen Sie durch alle Räume. Schauen Sie in jedem Raum nach, ob in der entsprechenden Himmelsrichtung etwas herumliegt, das Sie dort nicht haben wollen. Gehen Sie durch Ihre Wohnung, und malen Sie für jedes Stück Chaos, das Ihnen unangenehm auffällt, einen Punkt in der entsprechenden Farbe (Seite 51) an den jeweiligen Rand der Zeichnung, dort wo dieses Element zu Hause ist. Sie bekommen so einen ersten Eindruck, wie und wo sich Ihr Krempel verteilt und welches der Elemente durch Ihre Müllberge möglicherweise lahm gelegt ist. Vereinfacht ausgedrückt: Türmt es sich beispielsweise in der Luftecke, steht es möglicherweise schlecht mit hochfliegenden Gedanken; falls es an einer Wasser-Wand von Krimskrams wimmelt, beeinflusst das Ihr Gefühlsleben.
Machen Sie sich nun auf einen zweiten Rundgang durch Ihre vier Wände, und beziehen Sie, geradezu detektivisch, auch alle Bereiche mit ein, die eher im Verborgenen vor sich hin»krempeln«. Achten Sie auch auf Kleinigkeiten: zum Beispiel das völlige Durcheinander in Ihrem Schmuckkasten oder im Badezimmerschrank. Diese Krempelansammlungen zählen genauso, auch wenn sie nicht gleich zu sehen sind. Tragen Sie auch das Chaos in Ihrem Kleiderschrank, unter dem Bett oder an sonstigen verborgenen Orten ein. Verwenden Sie bei diesem zweiten Durchgang erst mal nur einen Bleistift, damit Sie Ihre Beobachtungen später gegeneinander abwägen und notfalls anders bewerten können, als Sie es ursprünglich vorhatten. Verschaffen Sie sich einen Überblick darüber, wie stark Ihre Überverankerung in den Elementen ist und wie sich die Elementekräfte zueinander verhalten, um später einen Ausgleich schaffen zu können.
Vermerken Sie ein Plus für jeden Ihrer Chaosorte. Malen Sie einfach größere und kleinere Bleistiftpunkte in Ihren Grundriss: größere Punkte für größere Ansammlungen, kleinere etwa für seit Tagen herumliegende Zeitungen oder Schminkzeug.
Möglicherweise haben Sie bei diesem zweiten Rundgang keinerlei Krempel entdeckt; Ihnen ist in Ihrer Wohnung eher Leere begegnet, und Sie haben das Gefühl, Ihnen fehlt etwas. Machen Sie in diesem Fall die Runde, indem Sie genau feststellen, welche Ecken Sie nicht einfach nur angenehm leer anmuten, sondern Ihnen unangenehm verwaist erscheinen. Nehmen Sie sich dafür unbedingt ausreichend Zeit. Falls Sie nicht alles in einem Durchgang schaffen, kehren Sie zu einem späteren Zeitpunkt zu Ihrem Rundgang zurück.
Wenn Sie eine Mischung aus Chaos und Leere vorfinden, sollten Sie nicht gleich alles auf einmal unter die Lupe nehmen. Falls Sie noch nicht so vertraut sind mit feinstofflichen Energiebewegungen, dann trennen Sie die Bestandsaufnahme in »zu viel« und »zu wenig« (siehe weiter hinten in diesem Kapitel).

Selbstverständlich sollte Ihr Haus oder Ihre Wohnung im Normalzustand begutachtet werden. Fangen Sie bitte nicht an, alles besuchsschön zu machen – denn so sieht es in Ihrem Alltag schließlich nicht aus. Lassen Sie alles so, wie es auch sonst ist. Schließlich brauchen Sie Ihre Ergebnisse niemandem zu zeigen. Vor dem nächsten Besuch können Sie dann aufräumen oder vor der nächsten heißen Nacht Ihr Schlafzimmer verschönern. Trauen Sie sich also ruhig, Ihrer Wohnung wirklich zuzuhören, um mehr über Ihre energetische Situation zu erfahren.

Osten – Raum für Höhenflüge

Der östliche Bereich der Luft in Ihrer Wohnung teilt Ihnen mit, wie es um Ihre verstandesmäßigen Lebensbereiche steht. Dazu gehört alles, was mit bewusstem Entscheiden, Denken, Analyse und Bewegung zu tun hat. Bewegung bedeutet in diesem Falle nicht die Arbeit Ihrer Muskeln, sondern Ihrer grauen Zellen. Betrachten Sie Ihre Farbpunkte und Bleistiftmarkierungen, und überlegen Sie, welche Wünsche Sie an Ihre Räumlichkeiten haben. Entspricht die Verteilung der Farben dem, was Sie sich wünschen? Sehen Sie sich genau an, wo sich Ihre gelben Farbkleckse und Pluspunkte befinden. Dort betonen Sie das Element Luft am stärksten. Jeder Stapel, den Sie hierher legen, kann entweder diese Kräfte fördern oder ausbremsen. Stellen Sie hier zum Beispiel Bücher hin, die sich mit dem Leben von Vögeln beschäftigen, oder hängen Sie hier Ihre Urlaubsfotos vom Hang-Gliding auf. Dadurch unterstützen Sie bewusst die Luftkräfte in diesem Bereich.

Bewegte oder dicke Luft

Im Idealfall sollte sich Ihr Arbeitszimmer auf der Ostseite Ihres Hauses befinden, möglichst mit einem Fenster, das einen luftigen Ausblick bietet (soll heißen: ohne Mauern, die den Blick in die Ferne stören); dann steht den Höhenflügen Ihres Verstandes nichts mehr im Weg, und Sie sind auf dem besten Weg, Ihr logisches Genie zu entdecken. Auch ein Meditationsraum ist im Osten besonders gut untergebracht, da die Kräfte der Luft für die meditative Versenkung hilfreich sind.
Möglicherweise gibt Ihre Zeichnung allerdings ein anderes Bild wieder, und die Punkte konzentrieren sich dort, wo Sie sie gar nicht oder in geringerer Anzahl haben wollen. Vergleichen Sie das, was Sie aufgemalt haben, mit Ihren Wünschen und Ihrem Idealbild. Gehen Sie diesmal genauer vor als bei Ihren allgemeinen Betrachtungen, und überdenken Sie, wie Sie sich in Ihren vier Wänden fühlen wollen. Wichtig ist, dass Sie genau wissen, welche Räume Sie auf welche Weise nutzen wollen.

Keine Mischräume

Vermischen Sie möglichst keine Funktionen, die nicht zueinander passen: Wenn Sie beispielsweise einen Schreibtisch in Ihr Schlafzimmer stellen, wird es Ihnen sowohl schwer fallen, in Ruhe zu schlafen als auch aufmerksam bei der Arbeit zu sein. Denn es ist schwierig, die anregende Energie und den Elan eines Arbeitstages neben der Ruhe und Entspannung – oder auch der Leidenschaft – eines Schlafzimmers zu unterstützen.

Zu wenig Luft

Falls Ihnen in Ihrer Wohnung nicht genügend Windkräfte zur Verfügung stehen, gilt es einen Ausgleich zu schaffen. In der westlichen Tradition kommen aus dem Osten kühlende Winde und eine klare Sicht. Denken Sie mal an die Großwetterlagen im Sommer oder Winter: Ein Hochdruckgebiet aus dem Osten bringt klare Sicht mit sich und strahlenden Sonnenschein. Nichts verbirgt die Sicht. Um die Luftenergie in Ihren vier Wänden anzuregen, können Sie verschiedene Methoden wählen, je nachdem, wie viel Arbeit Sie sich machen wollen. Sie können Räume vollkommen neu streichen; oder Sie bringen Dinge in den Raum, Kleinigkeiten, die die Windenergie befördern, etwa ein Mobile aus Federn, ein Klangspiel oder auch ein Bild von fliegenden Vögeln. Auch regelmäßiges Fensterputzen hilft.

Die Energie der Luft stärken

- Fördern Sie alles, was sich bewegt, möglichst in der Nähe von Fenstern und Türen, damit jeder Luftzug für diese Bewegung sorgt.
- Verwenden Sie die Farbe Gelb, um Luftenergie anzuregen. Streichen Sie Ihre Wände gelb, legen Sie Kissen, Decken oder Teppiche mit dieser Farbe aus.
- Hängen Sie Bilder von Dingen und Situationen auf, die mit dem Element Luft verbunden sind: Vögel und Flugzeuge, stürmische Wolken, Hang-Glider sowie Bilder von großen Höhen. Dazu gehören hohe Gebäude (zum Beispiel Wolkenkratzer) ebenso wie Berggipfel.
- Lassen Sie Musik durch Ihr gesamtes Haus oder die ganze Wohnung klingen. Besonders gut geeignet sind klassische Klänge, aber solange es nicht gerade Hardrock ist, können Sie auch jede andere Musik verwenden. Wichtig ist, dass Sie sich dabei beschwingt fühlen, so als wollten Sie tanzend entschweben.
- Vermeiden Sie alles, was eine freie Bewegung einschränkt. Sorgen Sie beispielsweise dafür, dass keine Möbelstücke oder andere Hindernisse Durchgänge oder Ähnliches blockieren und Sie so behindern.
- Vermeiden Sie stickige Luft; lüften Sie regelmäßig, und sorgen Sie dafür, dass sich keine Gerüche halten. Räuchern Sie regelmäßig, oder, wenn Sie Rauch nicht vertragen, verwenden Sie entsprechende ätherische Öle. Übertreiben Sie aber auch das Räuchern nicht: Qualm, der sich in Stoffen festsetzt, ist ebenfalls nur Gestank und hindert Luftkräfte am Fließen.
- Meiden Sie zu laute Geräusche.
- Summen oder singen Sie leise vor sich hin, während Sie zum Beispiel aufräumen, sich

zur Arbeit fertig machen oder einer häuslichen Tätigkeit nachgehen. Sie verbinden sich so besonders gut mit der Luftenergie in Ihren vier Wänden.

Zu viel Luft

Wenn Sie einen idealen Arbeitsplatz haben, in Ihrer restlichen Wohnung jedoch so viel Luftenergie gefunden haben, dass Sie das Gefühl haben, gleich abzuheben, dann vermeiden Sie alle Farben, die mit dem Element in Verbindung stehen. Das gilt für Ihre Wände, für Möbelstücke und Kleinkram. Verschenken Sie solche Dinge, oder streichen Sie sie in einer anderen Farbe. Oder verwenden Sie Ihre überflüssigen Luftaccessoires einfach an einer anderen Stelle Ihres Hauses oder Ihrer Wohnung.
Falls Sie zu viel Luftkraft haben, kommt Ihnen Ihre Bleibe möglicherweise eher wie ein Durchgangszimmer vor, in dem Sie sich nicht so recht zu Hause fühlen können. Schaffen Sie mit Erde oder Wasser einen Ausgleich. Verwenden Sie einfach die Tipps für diese beiden Elemente, nur in sparsameren Mengen. Beginnen Sie mit Kleinigkeiten, bevor Sie ganze Zimmerfluchten umstreichen, und warten Sie erst mal ab, wie sich die Elementekräfte in Ihrer Wohnung nach einer solchen behutsamen Änderung verhalten. Beachten Sie bitte: Feuer eignet sich nicht dazu, um zu viel Luftenergie auszugleichen. Denken Sie nur an das Beispiel eines Waldbrands: Luft und Feuer sorgen für mehr und nicht für weniger Bewegung.

Süden – Raum für Leidenschaft

Im Süden, bei dem Element Feuer geht es um Willenskraft, um alles, was uns anheizt und lebendig sein lässt. Wenn in Ihren vier Wänden alles zu Ihrer Zufriedenheit ist, dann gibt es in Ihrem Süden nur wenig, was dort verankert ist. Denn neben dem Element Luft ist auch das Feuer ein schnelles und bewegtes Element. Seine Energie ist stark wandelbar – stellen Sie sich einfach nur eine Flamme vor, und Sie können sich denken, was gemeint ist. Wenn im Süden wenig verankert ist, heißt das nicht, dass Sie nun Großmutters alten Schrank aus der Südecke Ihres Wohnzimmers entfernen müssen und Ihre Fotoalben dort nicht mehr aufbewahren können. Bleiben Sie bei all Ihren Räumungsvorhaben bei Ihrer Wohnwirklichkeit. Wenn dort in der Ecke der beste Platz für den Schrank ist, dann haben Sie Ihre Ahnen halt statt beim Westen und Wasser beim Feuer. Wichtig ist nur, wie Sie mit der davon ausgehenden Energie umgehen und ob Sie damit zufrieden sind.

Feurige Lebenskraft oder angstvoll auf dem Vulkan

Es gibt keinen richtigen oder falschen Platz für einen Gegenstand, ebenso wenig wie es eine Energie gibt, die unveränderbar ist und mit der Sie nicht arbeiten könnten. Sie können alles verändern, ausgleichen, in Bewegung bringen, verlangsamen oder beeinflussen, bis es für Sie und Ihre Mitbewohner handhabbar wird. Um beim Schrank der Großmutter mit den Fotoalben zu bleiben: Hängen Sie rote Troddeln an dessen Tür, oder malen Sie die Wand dahinter rot an. Stellen Sie ein Meer aus Kerzen daneben, die Sie regelmäßig anzünden, oder stellen Sie an dieser Stelle eine besonders helle Lampe auf.

Falls Sie sich zu oft müde und kraftlos fühlen, schauen Sie sich die Feuerecken und Feuerwände Ihrer Wohnung an. Nehmen Sie dafür Ihre Zeichnung von der Bestandsaufnahme ganz am Anfang in Augenschein. Dort finden Sie die Hinweise, wie es bei Ihnen mit der Feuerenergie aussieht. Sie brauchen Feuerenergie überall dort, wo Sie im wahrsten Sinne des Wortes etwas anheizen wollen. Dabei ist es energetisch gesehen egal, ob das der Topf auf dem Herd oder die Leidenschaft in Ihrem Liebesleben ist.

Wenn Sie einen Gasherd benützen, haben Sie mehr als genug Flamme in diesem Bereich. Verwenden Sie scharfe Gewürze, rotes Gemüse und Obst sowie Rotwein beim Kochen, um dieses Element noch zu verstärken. Stellen Sie Gerichte in den Ofen statt auf den Herd, denn dort finden Sie besonders viel Feuerenergie.

Falls Sie in Ihrer Küche, in der Nähe Ihres Herdes, in Schränken oder auf den Arbeitsflächen, viele Dinge stapeln, die Sie nie verwenden oder die sogar kaputt sind, misten Sie diese aus. Behalten Sie Erinnerungsstücke nur, wenn sie Ihnen wirklich gefallen und Sie sie auch benutzen. Andernfalls sind sie auf einem Flohmarkt oder in einem Recyclingcontainer besser aufgehoben. Denken Sie daran, dass jeder Gegenstand von Ihnen Energie braucht. Wenn Ihr Feuer zu gebremst ist, fehlt Ihnen ein wichtiger Teil Ihrer Lebenskraft und Power.

Zu wenig Feuer

- Fördern Sie alles, was rot ist, von der Wandfarbe bis zum Buchrücken. Wählen Sie sanfte Rottöne, wenn Sie wohlige Wärme wünschen, und kräftigere, wenn es Ihnen um Leidenschaft und Willenskraft geht.
- Entfachen Sie Feuer jeder Art, egal, ob am Gasherd, im Kamin oder einfach nur durch ein Meer von Kerzen.
- Fördern Sie helles Licht, Sonnenschein, elektrische Geräte.
- Vermeiden Sie alles, was mit Steinen (außer Lava) zu tun hat oder mit dem Element Wasser. Beide sind hervorragende Löschmöglichkeiten.

Zu viel Feuer

Wenn Sie den Eindruck haben, dass zu viel Feuerenergie durch Ihr Leben flammt, können Sie diese auf unterschiedliche Weise beruhigen. Drehen Sie die Tipps zur feurigen Unterstützung einfach um: Nicht nur bei einem Waldbrand sind Wasser und Erde hilfreiche Löschmittel, auch energetisch gesehen sind sie hilfreich. Wenn Sie lediglich etwas mehr Verankerung dieser Energie wünschen, genügen einige Steine; oder sie verwenden die Farben Grün, Braun oder Schwarz. Vermeiden

Sie alles, was die Energie in Ihren vier Wänden anheizt. Dazu gehören auch Schritte zur Förderung der Luftenergie. Dieses bewegte Element unterstützt die Kräfte des Feuers eher, als dass es sie bremst. Arbeiten Sie mit Energiespiralen. Sie können sie zum Beispiel als Muster in einem Mosaik verwenden, als freihändig gemaltes Element auf einer Wand oder in einem Bild, das Sie dort aufhängen. Die Größe spielt dabei keine Rolle. Achten Sie jedoch darauf, dass sich die Energie rechtsherum in die Spirale eindreht, da Sie sie zur Ruhe bringen wollen. Um zu viel Feuer zu beruhigen, können Sie beispielsweise eine Spirale in den Farben Blau oder Lila auf die Wand malen oder ein gleichfarbiges Bild dort aufhängen.

Wenn Sie mit starken Feuerkräften Schwierigkeiten haben, verwenden Sie Wasserkraft. Neben allen Farben des Wassers können Sie auch das Element in seiner eigentlichen Form verwenden, zum Beispiel in Form eines Zimmerspringbrunnens oder eines Gefäßes, das Sie täglich mit frischem Wasser an Ihren Ahnenplatz stellen.

Westen – Raum für Erinnerungen

Im Hinblick auf das Thema »Aufräumen« ist dieser Bereich besonders interessant. Denn im Westen geht es um unsere Vorfahren und um unsere Verwurzelung in der Vergangenheit. Folglich hängen an Ihrer Westwand idealerweise die Porträts Ihrer Ahnen.

Wenn Ihnen eine gewisse Oberflächlichkeit zu schaffen macht, könnte das ein Anzeichen von fehlendem Wasser in Ihrem Leben sein. Sehen Sie sich daraufhin Ihre Räume an, und stellen Sie fest, in welchen westlichen Ecken welche Gegenstände stehen. Befinden sich dort beispielsweise Bilder, dann sehen Sie sich an, was darauf abgebildet ist. Vermeiden Sie alles, was zu Luft oder Feuer gehört, und ersetzen Sie es durch Dinge, die Sie mit dem Element Wasser verbinden. Ein spiegelndes Sideboard zum Beispiel können Sie mit einigen wenigen Muscheln oder einer blauen Schale mit einer Sammlung von Amethysten im Element Wasser verankern.

Wasser des Lebens

Widmen Sie dem Bereich Wasser vor allem dann größte Aufmerksamkeit, wenn Sie mit dem Verwurzeln, Aufräumen, Seinlassen und allem, was damit verbunden ist, Schwierigkeiten haben. Dieses Element gestattet es Ihnen nicht nur, sich zu verbinden, sondern spült ebenso das fort, was Sie in Ihrem Leben nicht mehr brauchen.

Der Ort der Ahnen

Alle Menschen brauchen in ihrem Leben Verwurzelung. Das geschieht am einfachsten durch die bestehenden Familienbande. Wenn Sie jedoch mit dem ganzen Familienquatsch nichts zu tun haben wollen, dann haben Sie für Ihre Ahnenecke schon eine wichtige Information gewonnen: Die ist nämlich leer und bedarf wohlwollender Zuwendung. Es nützt jedoch überhaupt nichts, einfach nur ein für Sie bedeutungsloses Stück aufzuhängen oder aufzustellen, solange Sie nicht mit dem Herzen bei der Sache sind. Verzichten Sie auf herkömmliche Symbole, die Ihre Familienverbindung darstellen sollen, wenn Ihnen diese nicht entsprechen. Ihre Familie und Ihre Verbindung zu all Ihren Ahnen ist nämlich eine sehr persönliche Angelegenheit.

Wie bei allen anderen Zaubereien kommt es auch hier darauf an, den größtmöglichen Erfolg zu erzielen; und das geht mit einem individuell gestalteten Ausdruck Ihrer ganz persönlichen Verbindung am besten. Suchen Sie sich also einen Gegenstand aus, der Ihrer Beziehung zu Ihrer Familie am besten entspricht, auch wenn Sie dafür in Ihrer vielleicht ungeliebten Familiengeschichte herumgraben müssen.

Schon die Römer stellten in der Antike am Eingang ihrer Häuser kleine Altäre auf, die den Laren gewidmet waren. Diese bestanden aus den Geistern der Familienvorfahren, die ihren Kindern und Kindeskindern auch über dieses Erdenleben hinaus zur Seite standen. Am Ahnenort wurden kleine Gaben hinterlegt, die bei den Ahnen für Unterstützung bei besonderen Vorhaben werben sollten oder als Dankesgaben dienten, wenn etwas besonders gut gelungen war. Diese beinahe göttlichen Vorfahren wachten meist schon seit Generationen über die Familie, und es bestand ein sehr persönliches Verhältnis zu ihnen.

Noch heute findet man in vielen Kulturen Ahnenschreine oder andere Orte der Verehrung für die Vorfahren. In unserem Kulturkreis sind sie am ehesten mit dem Brauch zu vergleichen, Fotografien von Familienmitgliedern aufzustellen oder aufzuhängen. Ob sie auf einem Klavier oder auf der Anrichte stehen oder an der Wand hängen, spielt dabei keine Rolle. Wichtig ist, dass wir, offenbar aus einem inneren Bedürfnis heraus, diese Bilder zu Gruppen und an bestimmten Orten zusammenstellen und sie nicht einzeln über die Wohnung verteilen.

Fehlende Wurzeln in der eigenen Geschichte

Sich mit seinen Vorfahren zu verbinden ist eine sehr tiefe und starke Art der Verwurzelung. Sie kennen bestimmt die Namen Ihrer Großeltern. Aber erinnern Sie sich auch an die Namen von deren Eltern? Und wie steht es um Ihre Kenntnisse von alten Märchen und Mythen?

Nun wird sicher der eine oder andere von Ihnen davon überzeugt sein, dass eine solche Anbindung in unserer Welt der Computer und des Internets überflüssig geworden ist. Informationen sind fast überall und jederzeit abrufbar. Kaum jemand lebt noch in einer Großfamilie mit zig Personen. Besonders diejenigen, die in einer Großstadt wohnen, haben ihre Eltern, Geschwister, Tanten oder Onkel meist nicht in derselben Straße. Wozu also ein Ort der Ahnen, wenn Sie kaum noch ihre Namen kennen?

Übung: Verbindung zur eigenen Vergangenheit

Vergangenheit ist für viele ein Ort, den Sie entweder immer wieder nacherleben möchten oder möglichst schnell hinter sich lassen wollen. Wer allerdings zufrieden leben möchte, kommt nicht umhin, die eigene Geschichte zu kennen und sie behutsam sowohl ins Hier und Jetzt als auch in die Zukunft mitzunehmen.

Nehmen Sie Ihre mögliche Unkenntnis zum Anlass, mal wieder in einem Familienalbum zu blättern. Sehen Sie sich Ihre eigene Kindheit auf den Bildern an. Falls Sie selbst keine Fotos besitzen, fragen Sie Ihre Eltern und Geschwister danach. Und wenn das nicht geht, machen Sie sich eine innere Bildergalerie.

Setzen Sie sich dazu an einen ruhigen Ort, nehmen Sie sich ausreichend Zeit, und entspannen Sie sich. Schließen Sie die Augen, und atmen Sie ruhig. Gehen Sie nun in Gedanken in der Zeit zurück, so weit Sie kommen und so weit Ihre Erinnerungen reichen. Ihre ersten Bilder sind wahrscheinlich nicht ganz deutlich und bestehen mehr aus Eindrücken und Gefühlen. Erinnern Sie sich einfach so gut es geht an die ersten Dinge, die sich in Ihrem Gedächtnis festgesetzt haben.

Erinnern Sie sich nun, von diesem Anfangspunkt ausgehend, an Personen aus Ihrer Familie, denen Sie als Kind begegnet sind. Es ist nicht wichtig, dass die tatsächliche zeitliche Reihenfolge eingehalten wird, sondern eher, dass Ihre Bilder an Stärke zunehmen. Vielleicht fällt Ihnen etwas ein, das mit Ihrer Einschulung zu tun hat, und gleich darauf etwas, das weiter zurückliegt – das spielt an dieser Stelle überhaupt keine Rolle.

Während dieses Erinnerungsprozesses werden Sie feststellen, dass einige Menschen und Gesichter immer wieder auftauchen. Vermutlich gehören Ihre Eltern und Geschwister dazu, vielleicht auch die Großeltern, Tanten, Onkel, Cousinen oder andere Verwandte.

Jedes Mal, wenn Ihnen ein neues Gesicht in den Sinn kommt, verweilen Sie für einen Augenblick bei dieser Person und halten fest, was Sie mit diesem Menschen verbindet. Zunächst ist es unwichtig, ob Sie sich dabei angenehmen oder unangenehmen Erinnerungen gegenübersehen. Es geht um die Verbindung an sich; außerdem bedürfen gerade schwierige Erlebnisse innerhalb einer Familie der Verarbeitung, ob mit Hilfe eines guten Freundes oder durch die Unterstützung einer speziell ausgebildeten Person. Stellen Sie sich all Ihren Erinnerungen; wenn Ihnen einige zu unangenehm sind, bleiben Sie nur ganz kurz dort und gehen dann weiter.

Wenn Sie in Ihrer Erinnerung in der Gegenwart, bei Ihrem heutigen Alter angelangt sind, lassen Sie die Bilder verblassen und kommen langsam in Ihre alltägliche Wahrnehmung zurück.

Schreiben Sie anschließend auf, wen Sie gesehen haben. Lassen Sie die Liste ruhig einige Tage liegen, und fügen Sie während dieser Zeit Namen hinzu, die Sie zunächst vergessen haben. Sie werden sich vermutlich sofort nach Ihrer Ahnenreise nicht an jede Person erinnern – es sei denn, Sie sind das absolute Gedächtnisgenie. Aber Sie werden überrascht sein, wie vielen Menschen Sie im Laufe Ihres Lebens über den Weg gelaufen sind, mit denen Sie irgendwie verwandtschaftlich verbunden sind.

Wenn Sie mit Ihrer Auflistung fertig sind und Ihnen längere Zeit niemand mehr einfällt, nehmen Sie sich Zeit, sich die Namen genau anzusehen. Überlegen Sie, von welchem dieser Menschen Sie gerne ein Foto oder einen Gegenstand hätten, der Sie an diese Person erinnert. Fotos sind am einfachsten zu besorgen, zumindest wenn es sich um Familienmitglieder jüngeren Alters handelt. Bei Urgroßeltern kann es dagegen schwierig sein. Vielleicht gibt es ein Schmuckstück, ein Buch oder auch einen Brief von älteren Verwandten, den Sie verwenden könnten.

Wenn Sie Ihre Gegenstände beisammenhaben, stellen Sie diese an Ihren Ort der Ahnen.

Finden Sie auf Ihrer Liste Menschen, mit denen Sie keinesfalls irgendetwas zu tun haben wollen, dann markieren Sie ihre Namen, auch wenn Sie von diesen Personen nichts an Ihrem Ahnenplatz aufbewahren. Auf diese Namen kommen wir später noch zurück.

Den Ahnenplatz pflegen

Wenn Sie einen Ort ausgewählt haben und Ihre Ahnen dort durch die entsprechenden Gegenstände oder Fotos versammelt haben, dann lassen Sie sie nicht einfach verstauben. Feiern Sie zunächst ein kleines Ritual, um diesen Ort Ihrer Ahnenreihe zu weihen. Das klingt nach Weihrauch und gregorianischen Gesängen, kann aber ganz einfach verlaufen. Überlegen Sie, ob Ihnen der Sinn mehr nach einem einfachen Ritual steht oder ob Sie ein regelrechtes Fest für Ihre Ahnen feiern wollen. Beides ist gleich richtig, denn schließlich geht es um Ihre ganz persönliche Beziehung zu Ihren Vorfahren. Wenn die eher nüchtern ist, dann drücken Sie das eben am besten in einem knappen Ritual ohne Verzierungen aus.

Ritual für die Ahnen

Die einfachste Möglichkeit ist, Ihre Gegenstände für einen magischen Kreis zusammenzuholen und alles bei Ihrem Ahnenort aufzustellen. Am besten wäre es, wenn Ihr magischer Kreis Ihren Familienplatz umschlösse; wenn sich der Familienplatz allerdings auf einem Regal oder einer Kommode befindet, geht das nicht. Es reicht dann völlig aus, wenn Sie Ihren Kreis vor oder in unmittelbarer Nähe Ihres Ahnenplatzes aufbauen.
Sobald Sie spüren, dass Sie mit Ihrem gewählten Platz zufrieden sind, ist das die Voraussetzung für das folgende Ritual für die Ahnen.

Übung: Der magische Kreis für die Ahnen

Ihre Vorfahren sind wichtige Begleiter auf dem Weg in eine selbstbestimmte und fröhliche Zukunft. Suchen Sie die Verbindung zu den Ahnen, und lassen Sie sich von Ihnen bei all Ihren Vorhaben beflügeln.

Schließen Sie wie gewohnt den Kreis, und seien Sie sich dabei bewusst, dass Ihr Ahnenort energetisch innerhalb dieses Kreises liegt, auch wenn er sich am Rande befindet. In der Mitte des magischen Kreises stellen Sie sich bequem hin. Setzen Sie sich nicht hin, da Sie sich gleich den Himmelsrichtungen zuwenden sollen. Dafür müssten Sie dann jedes Mal aufstehen, was zu viel Aufwand bedeuten würde.

Beginnen Sie im Osten. Rufen Sie diejenigen, die Sie auch sonst in dieser Himmelsrichtung um Unterstützung bitten, und stellen Sie Ihren Ahnenplatz sozusagen vor. Sie können das genauso machen, als wenn Sie zwei Fremde miteinander bekannt machten. Wenn Ihnen das zu langweilig ist, lassen Sie sich etwas Ausgefalleneres einfallen, und verwenden Sie zum Beispiel Reime. Achten Sie dabei aber darauf, dass die Form nicht vom Inhalt ablenkt. Wenn ein gereimter Spruch Ihre ganze Aufmerksamkeit erfordert und Sie sich dadurch nicht mehr wirklich mit den Elementen und den Himmelsrichtungen verbunden fühlen, dann belassen Sie es besser bei Prosa.

Gehen Sie im Uhrzeigersinn vor, so als würden Sie noch einmal den magischen Kreis schließen; das heißt: nach dem Osten gehen Sie als Nächstes in den Süden, dann in den Westen und den Norden. Gleiches gilt auch für die unteren Welten, die oberen und die mittlere.

Bleiben Sie im Anschluss noch für einige Augenblicke in der Mitte Ihres magischen Kreises stehen, um die Energie zu spüren, mit der Sie verbunden sind. Wenn Sie so weit sind, öffnen Sie den Kreis wie gewöhnlich.

Halten Sie Ihren Ahnenplatz lebendig

Bewahren Sie an Ihrem Ahnenort zukünftig alles auf, was Ihnen zur Verwurzelung dient und mit Ihrer Familie zu tun hat. Dabei kann es sich auch um Ihre magische Abstammung handeln und muss nicht auf Blutsverwandte beschränkt sein. Achten Sie jedoch darauf, dass Ihr Ahnenort mit der Zeit nicht zu einer Minimüllhalde wird, auf der sich lediglich unbenutzte Dinge stapeln. Räumen Sie regelmäßig auf, und schaffen Sie Platz.

Wechseln Sie Gegenstände immer wieder aus. So können Sie, genau wie bei Ihrem Hausaltar, die Besetzung Ihres Ahnenortes je nach Jahreszeit verändern. Sie könnten das zum Beispiel mit den Jahreszeitenfesten verbinden oder sich irgendeine andere besondere Zeit dafür suchen. Entscheiden Sie, wie Ihr Platz aussehen soll, und halten Sie ihn in Bewegung. Gewöhnen Sie sich an, mindestens einmal am Tag kurz dort zu verweilen. Zünden Sie ein Räucherstäbchen an, stellen Sie eine frische Blume auf, oder sprechen Sie ein Gebet, je nachdem, wonach Ihnen der Sinn steht. Wie Sie diesen Ort genau verwenden, liegt bei Ihnen. Je häufiger Sie sich jedoch mit seiner Energie verbinden, desto stärker wirkt sich diese Verankerung in Ihrem Leben aus.

Gefühlsmäßige Bindungen

Allgemein gilt, dass Sie mit der Energie des Wassers besonders gut für Ihr Gefühlsleben sorgen können. Diese Kraft ist aber nicht mit der des Feuers zu verwechseln. Während es beim Element des Südens eher um die ursprüngliche Lebenskraft, den ersten Funken und damit um Leidenschaft geht, besteht die Kraft des Wassers eher in der gefühlsmäßigen Verbindung. In diesem Fall spielen überpersönliche Ziele und Verbindungen eine große Rolle.

Hierher gehört alles, was Sie in Ihrem Leben an Bindungen eingehen. Dabei spielt es zunächst keine Rolle, ob es sich um einen Ort, Ihre Familie, einen Beruf oder eine Überzeugung handelt. Es ist nicht wichtig, womit, sondern wie Sie damit verbunden sind. Auch deshalb ist das Thema Wasser von so entscheidender Bedeutung, wenn Sie sich mit dem Aufräumen beschäftigen. Denn nirgendwo zeigen sich Schwierigkeiten mit der gefühlsmäßigen Bindung stärker als dann, wenn Sie sich von einer rostigen Schraube nicht trennen können.

Trennungsritual

Gleichgültig, was und wie viel Sie aus Ihrem Leben entfernen wollen – oder auch wen –, ein unterstützendes Ritual ist dabei auf jeden Fall hilfreich. Stellen Sie aber vor Ihrer Zauberei unbedingt sicher, dass Sie sich auch wirklich von der Person oder dem Gegenstand lösen wollen, den Sie in Ihrem Ritual benennen. Sonst sind Sie am Ende etwas losgeworden, von dem Sie kurze Zeit später feststellen, dass Sie es noch gut gebrauchen könnten. Bereiten Sie sich deshalb gut auf Ihr Trennungsritual vor. Am besten führen Sie es durch, um einen Trennungsprozess damit abzuschließen. Es eignet sich nicht, diesen erst einzuleiten. Zu Beginn einer Auflösung können Sie noch nicht abschätzen, was alles damit zusammenhängt, und Sie rütteln womöglich Sachen los, die Sie besser in Ruhe gelassen hätten. Oder Sie übersehen andere, die wichtig gewesen wären.

Die Trennung von unbedeutenden Gegenständen oder von Dingen, bei denen Sie sich nicht sicher sind, bewältigen Sie in sieben Tagen. Das gilt auch, wenn Sie sich daran gewöhnen wollen, wie es sich anfühlt, Dinge loszulassen. Wenn der Gegenstand Ihrer Trennung größer ist, kann das Ritual auch sieben Wochen oder sieben Monate dauern. Wählen Sie aber einen Zeitraum, den Sie durchhalten, und denken Sie daran, täglich die nötige Zeit erübrigen zu können. Nichts ist so nutzlos wie ein Ritual, das Sie beginnen und dann halb fertig vor sich hindümpeln lassen.

Sie ziehen aus einer Wohnung aus, schließen endgültig eine Beziehung ab, wechseln den Job oder räumen sonst irgendwo in Ihrem Leben so richtig auf: Das Grundmuster eines Trennungsrituals sieht für alle Gelegenheiten etwa gleich aus. Verändern Sie dieses Muster dem Anlass entsprechend. Je persönlicher Sie es gestalten, desto wirkungsvoller und kraftvoller wirkt es.

Am besten führen Sie Ihr Trennungsritual bei abnehmendem Mond oder auch bei Neumond durch. So verstärken Sie die Kräfte, mit denen Sie arbeiten.

Übung: Der magische Kreis zur Trennung

Eine der wichtigsten Aufgaben beim Aufräumen ist die Trennung von geliebten Dingen. Dabei kann es sich sowohl um Gegenstände als auch um Gewohnheiten oder Gefühle handeln.

Als Zutaten brauchen Sie alles, was Sie auch sonst für die vier Himmelsrichtungen in Ihrem Ritual verwenden. Besorgen Sie sich außerdem eine Anzahl von Blättern; das dürfte im Frühling, Sommer und Herbst kein Problem sein. Falls Sie Ihr Ritual im Winter vorhaben, schauen Sie bei immergrünen Bäumen oder Büschen nach. Oder verwenden Sie möglichst kleine Stücke umweltfreundlichen Papiers. Da Sie Ihre Blätter oder Papierstücke später einem Wasser übergeben, ist es wichtig, darauf zu achten, dass Sie möglichst natürliches Zubehör verwenden.

Neben Baumblättern benötigen Sie ein Stück Tafelkreide, egal in welcher Farbe. Sie können auch mehrere Farben verwenden. Außerdem brauchen Sie eine Schüssel mit Wasser, etwas Zimtrinde, einige Rosmarinblätter und etwas Lavendel. Falls Sie die frischen Produkte nicht bekommen, nehmen Sie getrocknete oder zur Not auch ätherische Öle. Am besten wäre es jedoch, selbst zu den Pflanzen zu gehen und sie zu bitten, Ihnen zu diesem Anlass Ihre Kraft zu schenken. Je mehr Sie selbst mit den Gegenständen in Ihrem Ritual verbunden sind, desto besser. Machen Sie also möglichst alles selbst, anstatt etwas Fertiges zu benutzen; denn das Vorgefertigte enthält die Energie dieser anderen Personen, die es hergestellt haben, und die ist für Ihren Zweck nur die zweitbeste Lösung.

Legen Sie sich alles in Ihrem Kreis bereit, und schließen Sie dann wie gewöhnlich Ihren magischen Kreis.

Begeben Sie sich in die Mitte, und nehmen Sie das erste Blatt und die Kreide zur Hand. Denken Sie an die erstbeste Sache, die Sie im Zusammenhang mit Ihrem Trennungsritual loswerden wollen. Das muss weder das wichtigste Ihrer Anliegen sein noch das drückendste. Machen Sie sich ein Zeichen auf dem Blatt, das Sie an dieses Anliegen erinnert. Sie können auch ein Wort darauf schreiben. Falls Ihre Blätter sehr glatt sind und die Kreide nicht so gut annehmen, schreiben Sie sozusagen mit unsichtbarer Kreide. Es reicht, wenn Sie energetisch das aufs Blatt geben, was Sie auflösen wollen.

Wenn Sie so viele Blätter beschrieben haben, dass Sie für diesmal fertig sind, legen Sie die Kreide beiseite.

Nehmen Sie nun Ihre Wasserschüssel zur Hand, und lassen Sie etwas von Ihrem Zimt hineinrieseln. Sprechen Sie dabei den folgenden oder einen ähnlichen Satz:

»Bei Feuer, Wasser, Luft und Erde
Frei ich mit diesem Zauber werde.«

Das Gleiche wiederholen Sie anschließend mit dem Rosmarin und dem Lavendel. Sagen Sie jeweils wieder Ihren Satz dazu.

Als Letztes rühren Sie mit dem Finger einer Hand im Uhrzeigersinn die Energie der Pflanzen in Ihr Wasser. Wiederholen Sie dazu den Satz, oder summen Sie einfach, bis Sie das Gefühl haben, dass Ihr Wasser nun ganz aufgeladen ist.

Nehmen Sie einzeln Ihre Blätter, und tunken Sie sie ins Wasser. Reiben Sie die Kreidemarkierungen ab, und visualisieren Sie, wie sich die Energie der Dinge, die Sie loswerden wollen, im Wasser löst. Sie können dabei weiter den Satz sprechen, summen oder auch singen. Wichtig ist, dass Sie mit Ihrer ganzen Aufmerksamkeit bei den Blättern und dem Wasser sind.

Wenn Sie alle Blätter im Wasser haben, rühren Sie noch einmal GEGEN den Uhrzeigersinn im Blätterwasser und sagen das Folgende oder etwas Ähnliches:

»Im Wasserkreis gelöst, nichts ist geblieben,
Das Morgen ist neu, das Gestern vertrieben.«

Verharren Sie noch einen Augenblick, und lassen Sie Ihr Ritual ausklingen; dann öffnen Sie wie gewohnt Ihren Kreis. Ihre Wasserschüssel bringen Sie möglichst anschließend zu einem fließenden Gewässer und gießen den Inhalt mitsamt den Blättern hinein. Spülen Sie die Schüssel mit etwas Wasser nach, und bitten Sie Mutter Erde, die so frei gewordene Energie an anderer Stelle sinnvoll zu nutzen. Bedanken Sie sich bei den Elementen für die Unterstützung. Entfernen Sie sich vom Wasser, ohne sich noch einmal umzusehen.

Zu wenig Wasser

- Fördern Sie alles, was Sie mit Wasser in Verbindung bringen können. Dazu gehören die Farben des Wassers von Blau bis Grün, Springbrunnen, aber auch Bilder von Wasser.
- Umgeben Sie sich mit farbigem Glas (durchsichtiges passt besser zur Luft); auch hier können Sie wieder die Farben des Wassers wählen.
- Schaffen Sie Platz für Ihre Ahnen. Falls Ihnen ein Ort nicht reicht, verteilen Sie sie an günstigen (westlichen) Wänden.
- Schauen Sie sich gefühlsbetonte Filme an, lesen Sie schnulzige Romane. Die bringen Sie sofort in Verbindung mit Ihrer Wasserseite.
- Trinken Sie so viel sie können, am besten Quellwasser.
- Vermeiden Sie zu heiße Bäder; durch sie bekommen Sie zu viel Feuer.
- Meiden Sie scharfe Gewürze, die ebenfalls zu viel Feuer bedeuten würden.

Zu viel Wasser

Wenn Sie ständig in Tränen ausbrechen und sich in Ihrem Leben ein Drama nach dem nächsten abspielt, brauchen Sie mit Sicherheit das Element Wasser in Ihrem Leben nicht zu stärken. Stattdessen könnte ein kleiner Dämpfer angebracht sein. Sie können dafür am besten Erde verwenden. Wenn Ihre Gefühle davonschwimmen, gibt Ihnen die Erde einen festen Anker zurück, ohne die Kraft des Wassers zu zerstören. Verwenden Sie dazu Steine: Legen Sie diese zum Beispiel in Ihren Zimmerspringbrunnen, und bringen Sie dort die entsprechenden steinernen Anker unter. Oder Sie stellen Pflanzen auf, die viel Wasser verbrauchen. Wenn Sie den Ausgleich nicht ausschließlich in Ihren vier Wänden suchen, dann tragen Sie mehr oder minder edle Steine, die zum Element Erde gehören. Geeignet sind zum Beispiel Smaragd oder Peridot.
Sie können auch mit dem Element Luft einen Ausgleich schaffen; dadurch werden Sie vor allem die Möglichkeit erhalten, nicht alles so tiefsinnig zu sehen. Die Leichtigkeit des Seins bekommen Sie mit Hilfe von viel frischer Luft in allen Räumen, der Sie auch noch ein paar Federn zugesellen können. Binden Sie zum Beispiel eine kleine auch an den Stock Ihres Regenschirms.
Das Element Feuer verwenden Sie in diesem Zusammenhang am besten sparsam, zum Beispiel in Form einer Schwimmkerze, da die Verbindung dieser beiden Elemente eher explosiv ist.

Norden – Raum für Verwurzelung

Gerade für Unsichere wird es hier spannend: Denn ohne gute Erdung gibt es kein richtiges Wachstum und keine sichere Verankerung. Wenn Sie ständig das Gefühl haben, die Welt sei ein unsicherer Ort voller Gefahren, dann könnten Ihnen einige Übungen zur Erdung dazu verhelfen, sich etwas sicherer zu fühlen. Darüber hinaus sollten Sie sich aber unbedingt mit den Ursachen beschäftigen.

Übung: Fester Boden unter den Füßen

Beginnen Sie buchstäblich mit dem ersten Schritt, und fangen Sie mit Ihrer ersten Übung bereits morgens an.

Achten Sie darauf, wie sich Ihr Körper anfühlt, wenn Sie im Badezimmer vor dem Spiegel stehen, während Sie die Zähne putzen. Stehen Sie wirklich im Gleichgewicht, oder sind Sie nach vorne gelehnt? Halten Ihre Bauchmuskeln Ihre gebeugte Haltung; oder geht Ihnen diese Haltung mehr auf den Rücken? Sind Ihre Knie durchgedrückt? Wo sind Ihre Schultern? Welchen Teil des Körpers bewegen Sie, um mit der Bürste überallhin zu kommen?
Stellen Sie sich beim nächsten Mal als Erstes gerade hin. Achten Sie dabei darauf, dass Sie die Knie nie ganz durchdrücken.

Schieben Sie dazu Ihre Knie etwas nach vorne. Atmen Sie einmal tief ein. Stellen Sie sich beim Ausatmen vor, an Ihren Schulterblättern wären – wie an einem Drachen – ein paar dünne Fäden befestigt, die an Ihrer Lendenwirbelsäule münden. Spannen Sie diese Fäden in Gedanken, und ziehen Sie so ganz behutsam Ihre Schulterblätter hinten zusammen und leicht nach unten. Sie werden spüren, dass Sie automatisch gerader stehen, Ihre Arme lockerer hängen und Sie sich in die Brust werfen. Achten Sie darauf, diese Bewegung nicht zu übertreiben. Wenn Sie gewöhnt sind, viel vornübergebeugt zu arbeiten, sind bei Ihnen die meisten Muskeln im Brustbereich verkürzt. Muten Sie ihnen folglich nicht gleich zu viel zu. Wenige Millimeter sind schon eine Menge. Mit der Zeit werden Sie merken, dass Sie nicht nur vor dem Spiegel gerader stehen, sondern auch gerader gehen und sitzen. Bleiben Sie aber vor allem entspannt.
Wenn Sie locker, gerade und entspannt stehen können, gehen Sie einen Schritt weiter und holen Sie sich die Power der Erde in Ihren Körper. Stellen Sie dafür Ihre Füße in Schulterbreite auf, und lassen Sie die Arme locker am Körper hängen. Richten Sie Ihre Aufmerksamkeit auf Ihren Atem, und bleiben Sie für einige Augenblicke bei dieser Beobachtung. Wenn Sie soweit sind, lassen Sie bei jedem Mal Einatmen die Energie der Erde durch Ihren Körper fließen: durch Ihre Füße, Ihre Beine, durch Ihren Rumpf und Ihre Arme, durch den Hals in den Kopf. Zu Anfang brauchen Sie dafür vermutlich mehr als ein Mal, um wirklich aufmerksam dem Energiefluss zu folgen. Später können Sie das mit einem einzigen Einatmen. Behalten Sie die Kraft für ein Ausatmen und ein Einatmen oben in Ihrem Kopf, dann lassen Sie sie mit dem nächsten Ausatmen wieder zur Erde zurückfließen.
Mit dieser Übung lassen Sie keine neue Energie entstehen, Sie werden sich lediglich ihrer Gegenwart bewusst. Auch hier führt Übung zur Meisterschaft. Wenn Sie dabeibleiben, werden Sie ziemlich bald merken, dass Sie den Energiefluss aus der Erde nicht nur während Ihrer Atemübung, sondern auch bei anderen Gelegenheiten wahrnehmen.

Erdung durch Lebensmittel

Eine weitere Möglichkeit, sich mit dem Element Erde zu verbinden, ist jede Art von Nahrungsaufnahme. Wenn Sie das Element stärken wollen, wählen Sie Lebensmittel aus, die von sich aus bereits mit dem Erdelement verbunden sind, wie zum Beispiel: Weizen, Roggen und Hafer; Kürbis, Rote Bete und Spinat; Pilze, Auberginen und Kartoffeln; Quitten, Rhabarber und Ahornsirup; und last but not least: Salz. Während Sie Ihr Abendbrot oder ein Mittagessen zubereiten, richten Sie Ihre Aufmerksamkeit auf Ihr Tun; nehmen Sie Ihre Nahrungsmittel die ganze Zeit über wirklich wahr. Lassen Sie sich währenddessen durch nichts ablenken, weder durch Radio oder Fernsehen noch durch nette Menschen, die mit Ihnen plaudern wollen. Vermutlich wird es Ihnen nicht gelingen, das jeden Tag durchzuhalten: Sie werden sich aber nach einiger Zeit daran gewöhnt haben, immer einen guten Teil Ihrer Aufmerksamkeit bei der Zubereitung Ihres Essens und bei den Zutaten zu belassen, so dass selbst aufdringliche Störungen Sie nicht mehr ablenken können. Nur das Fernsehen sollten Sie auf jeden Fall dabei unterlassen. Die Bilder schleichen sich einfach zu stark in Ihre Aufmerksamkeit, und Sie verschwenden dabei Ihre kostbare Kraft.

Zu wenig Erde

- Fördern Sie alles, was mit den Farben der Erde zu tun hat: Grün, Braun und Schwarz.
- Suchen Sie Verbindung zu allen Pflanzen, da diese als Gruppe zum Element gehören. Besonders verbunden mit diesem Element sind unter anderem Primeln, Oleander und Farne, die Sie auch in der Wohnung halten können.
- Wählen Sie Keramik; sie wird aus Ton und damit Erde hergestellt und eignet sich gut, da sie durch das Brennen auch das Element Feuer in sich trägt und damit Bewegung in die Erde kommt.
- Greifen Sie zu Steinen, am besten zu selbst gesammelten. Vergessen Sie nicht zu fragen, ob der eine oder andere Stein auch wirklich zu Ihnen umziehen will.
- Bei Holz gilt Ähnliches wie bei den Pflanzen fürs Haus, da alle Bäume grundsätzlich zum Element Erde gehören, jede Baumart aber auch noch unterschiedliche Energien der anderen Elemente tragen kann.
- Vermeiden Sie, schnelle Energien wie die der Luft und des Feuers zu unterstützen.
- Vermeiden Sie zu viel Wasserenergie, sie könnte Ihre Erdkräfte buchstäblich ertränken.

Zu viel Erde

Falls Sie zu viel Erde in Ihren vier Wänden vorfinden, können Sie die Leichtigkeit der Luft dagegensetzen. Hängen Sie an den Stellen, wo Sie die Energien bevorzugt in Bewegung setzen wollen, Federn auf. Sie können auch herkömmliche Windspiele verwenden.
Wenn Sie es sanfter vorziehen, verwenden Sie Wasser oder auch nur die Farben des Wassers, sei es in einem Zimmerspringbrunnen oder in einem Bild eines Gewässers.
Feuer ist im Bereich Erde gut zu verwenden, da hier die sichere Grundlage (Erde) verhindert, dass dieses Element sich selbstständig macht und überhand nimmt. Verwenden Sie Kerzen, wo keine Brandgefahr besteht.

Ohne Elemente lebt sich's schlecht

Wenn es bei Ihnen eher an Energie mangelt und Sie sich in Ihren vier Wänden nicht recht zu Hause bzw. verankert fühlen, kann das an einer fehlenden Verbindung zwischen Ihnen und Ihrem Wohnort liegen.
Um herauszubekommen, ob bei Ihnen größere Störungen im Fluss der Elementekräfte vorhanden sind, machen Sie eine erneute Runde durch Ihre vier Wände. Verfahren Sie bei die-

sem Rundgang ebenso wie beim ersten, und verwenden Sie eine unbeschriftete Kopie des Grundrisses, damit Sie nicht durcheinander kommen.

Übung: Die Energielücken finden

Nachdem Sie nun Erfahrungen gesammelt haben, was den Energiehaushalt Ihrer Umgebung betrifft, geht es um eine tiefer gehende Sicht der Energien, die Sie täglich umgeben.

Vermerken Sie während dieser zweiten Runde durch alle Räume, an welchen Stellen Sie deutlich energetische Lücken empfinden: wo zum Beispiel eine Ablagefläche zu leer erscheint, wo Sie vielleicht schon immer ein Bild aufhängen wollten, aber bisher nicht dazugekommen sind, und wo Sie am liebsten eine Pflanze, einen Spiegel oder einfach nur eine andere Farbe hätten. Lassen Sie sich ruhig schon Lösungsmöglichkeiten durch den Kopf gehen. Später können Sie immer noch entscheiden, ob Ihre ersten Vorstellungen durchführbar und sinnvoll sind.
Bei einer energetischen Lücke muss es sich übrigens nicht um gähnende Leere handeln, es kann auch ein Ort sein, an dem Sie so viele Sachen gestapelt haben, dass das Element darunter sozusagen begraben ist. Notieren Sie alles, was Ihnen auffällt, mit Bleistift und/oder Farbe. Falls Sie sich nicht sicher sind, zu welchem Element die jeweilige Energielücke gehört, dann vermerken Sie sie zunächst mit Bleistift, und ordnen Sie ihr erst später eine der Farben – Gelb, Rot, Blau oder Grün – zu, wenn Sie mit diesem Kapitel fertig sind.
Falls Ihnen eines der Elemente in Ihrem Alltag und bei Ihren Vorlieben völlig fehlt oder zumindest sehr schwach erscheint, könnte Ihnen gerade dort ein Stück Ihrer Lebenskraft fehlen. Probieren Sie mal aus, was passiert, wenn Sie einige Tage lang dieses fehlende Element ganz bewusst in Ihren Alltag aufnehmen und ihm Raum geben. Einer der schamanischen und magischen Leitsätze lautet: »Die Energie folgt der Aufmerksamkeit.« Wenn Sie Ihre Aufmerksamkeit also besonders auf ein Element richten, holen Sie automatisch die Energie dieses Elementes zu sich. Das muss sich nicht gleich in Erdbeben oder Überschwemmungen äußern; es kann aber sein, dass Sie alltägliche Dinge wie einen Nieselregen, eine Kerzenflamme oder eine Scheibe Brot plötzlich anders betrachten und bewusster wahrnehmen. Oder Sie sehen Dinge auf Ihrem Weg zur Arbeit, die zwar schon immer dort waren, aber noch nie in Ihr Bewusstsein vorgedrungen sind.
Am besten schreiben Sie sich das auf, was Sie erleben, denn sonst vergessen Sie das Erlebte schnell wieder. Ihre Erfahrungen können Ihnen später bei der Entscheidung, wie Sie mit Ihrem Krempel umgehen, von großer Hilfe sein.

Wenn Luft fehlt

Falls Ihnen dieses Element wenig sagt, könnten Sie Schwierigkeiten haben, sich mit anderen Menschen auszutauschen. Oder Sie bewegen sich nur ungerne von Ihrem Standpunkt fort: Das bezieht sich sowohl auf Ihre Wohnung als auch auf Ihre Meinung während eines Streits. Luft sorgt dafür, dass Sie beweglich bleiben.

Beobachten Sie Ihren Atem

Am einfachsten können Sie mit diesem Element mittels Ihres Atems in Verbindung treten. Er kann Ihnen eine Menge über Ihren Umgang mit sich selbst und anderen Menschen mitteilen. Beobachten Sie mal einen Tag lang, wie Sie atmen. Wenn Sie zwischendurch vergessen, aufmerksam zu sein, macht das nichts aus. Mit zunehmender Erfahrung wird es Ihnen leichter fallen, sich auf Ihren Atem zu konzentrieren. Wiederholen Sie diese Übung so oft und so lange Sie mögen.

Besonders wichtig ist es, dass Sie Ihre Atmung nicht verändern, sondern ganz normal atmen. Sie werden merken, dass allein durch Ihre Beobachtung der Atem schneller oder langsamer, tiefer oder flacher wird. Achten Sie in bestimmten Situationen darauf, wie Sie atmen. Holen Sie tief Luft, während Sie arbeiten? Wie atmen Sie zu Hause, wie atmen Sie beim Sport, wenn Sie mit Freunden oder Kollegen zusammen sind oder wenn Sie ganz alleine sind? Machen Sie sich Notizen, damit Sie sich später dran erinnern.

Wenden Sie sich als Nächstes der belebenden und bewegenden Wirkung des Atmens zu. Sobald Sie spüren, wie Sie atmen, holen Sie einmal besonders tief Luft. Wenn Sie wollen, können Sie dabei seufzen, sich strecken oder was auch immer tun. Achten Sie darauf, zu welcher Bewegung ein tiefer Atemzug Sie veranlasst. Spüren Sie in Ihren Körper hinein, wie Sie sich vorher und nachher fühlen.

Atemtechniken lernen

Führen Sie Atemübungen aus dem Yoga durch, oder atmen Sie zum Beispiel die Farben des Regenbogens ein. Beginnen Sie dabei bei Rot. Füllen Sie sich mit dieser Farbe an, bis Sie sich vollständig rot fühlen. Verfahren Sie dann ebenso mit den Farben Orange, Gelb, Grün, Blau und Violett. Lassen Sie sich ruhig selbst etwas einfallen, und probieren Sie aus, womit Sie sich am besten fühlen.

Wenn Ihnen das Element Luft fehlt und Sie schon nach wenigen Übungen merken, dass es Ihnen besser bekommt, dieses Element in Ihr tägliches Leben einzubauen, dann suchen Sie sich eine Meditations- oder Atemtechnik, die Ihnen gefällt, und üben Sie sie täglich aus. Sie können die Energie dieses Elements hervorragend nutzen, wenn Sie in Ihrem Leben etwas in Bewegung bringen wollen. Falls Sie also Ecken haben, in denen sich Dinge stapeln, von denen Sie nicht so genau wissen, warum Sie sie aufbewahren, welche von ihnen verschenkt oder verkauft werden könnten, dann hilft Ihnen die Luft dabei, sich leichter zu entscheiden.

Der Tag der Luft

Erklären Sie einen Tag der Woche zum Lufttag. Seien Sie sich an diesem Tag besonders der Energien dieses Elements bewusst. Betrachten Sie Ihre vier Wände unter dem Gesichtspunkt, wie viel Umgang Sie dort mit dem Luftelement haben. Wenn Sie beispielsweise morgens als Erstes die Fenster öffnen, weil Sie gerne frische Luft um die Nase haben, nehmen Sie dadurch täglich als Erstes Verbindung mit diesem Element auf. Sollten Sie dagegen zu Raumsprays greifen, liegt Ihnen dieses Element eher fern.

Während des Tages können Sie erleben, wie Sie sich mit der Elementeenergie verbinden. Achten Sie zum Beispiel darauf, wie Sie sich an Ihrem Arbeitsplatz mit anderen Menschen austauschen. Sprechen Sie viel oder wenig mit anderen? Diskutieren Sie Problemlösungen? Arbeiten Sie im Servicebereich, egal ob als Generaldirektorin oder Fensterputzer? Sehen Sie sich einen typischen Tag an, und zählen Sie die Stunden, die Sie mit luftigen Unternehmungen verbringen. Überlegen Sie, ob Sie sich in Ihrem Alltag wohl fühlen, ob es Ihnen langweilig ist oder ob Sie Ihre Tage als zu hektisch empfinden. Seien Sie dabei ganz ehrlich, damit Sie später entscheiden können, ob Sie die Luftenergie in Ihrem Alltag verstärken oder vermindern wollen.

Betrachten Sie darüber hinaus einen typischen Tag zu Hause. Sehen Sie sich an, wie viel Zeit Sie mit luftigen Dingen verbringen, und überlegen Sie, ob Sie zu viel oder zu wenig dieser Elementekräfte spüren.

Wenn Sie wissen, wie bei Ihnen die Luftenergien verteilt sind und welche Art von Energie Sie gerne hätten, wissen Sie auch, ob Sie eher mehr oder weniger davon brauchen. Verbinden Sie das zu einem späteren Zeitpunkt mit Ihren Erkenntnissen, welche anderen Elementekräfte Sie noch verstärken oder abmildern wollen, und Sie bekommen ein hervorragendes Energiebild von Ihrem Leben.

Wenn Feuer fehlt

Auf den ersten Blick finden Sie das Element Feuer in Ihrem Alltag vermutlich eher selten. Da Sie wohl kaum bei Kerzenschein zu Abend essen (jedenfalls nicht jeden Tag) und vermutlich auch keinen Holzkohleofen haben werden, werden Wärme und Licht eher durch Heizkörper und Glühbirnen erzeugt. Dennoch ist Feuer auch in der modernen Welt zu finden. Denken Sie an die Sonne, das stärkste Symbol für das Feuerelement. Selbst wenn Sie gerade den verregnetsten Monat des Jahres hinter sich haben, hat es sicherlich wenigstens einen Tag mit Sonnenschein gegeben. Und wenn es nur ein paar klitzekleine Strahlen waren, die sich verstohlen durch die Wolken geschummelt haben. Und sogar im tiefsten Winter können Sie sich zumindest eine Kerze auf den Tisch stellen und so ganz unmittelbar mit dieser Energie in Berührung kommen.

Achten Sie auf Heizkörper, Lampen oder sonstige Wärme- und Lichtquellen. Nehmen Sie bewusst wahr, welche Qualität diese Wärme im Vergleich zu Feuer hat. Welche Unterschiede stellen Sie fest? Wie verändert sich Ihr Befinden, wenn Sie sich neben einen Heizkörper oder ein Lagerfeuer setzen? Schreiben Sie Ihre Beobachtungen und Erinnerungen auf, damit Sie sie später nutzen können.

In Bezug auf Ihre Aufräumwut und Verwurzelung steht das Feuer für den lebendigen Funken, der jeder Handlung Power gibt. Außerdem behalten Sie durch diesen Funken die Verbindung zu Ihrer eigenen Lebendigkeit. Sie können diese Kraft gut gebrauchen, wenn Sie sich von den Dingen trennen, die Sie schon lange mit sich herumtragen, und sich mit denen verbinden, die Sie in Ihrem Leben verwurzeln.

Übung: Die Feuergeister befragen

Die Kraft des Feuers gehört zu jedem Vorhaben, denn ohne diesen lebensspendenden Funken fehlt Ihnen der rechte Kick.

Wenn Sie mit diesem Element besonders intensiv in Verbindung treten wollen, probieren Sie diese einfache Übung zum Feuer aus. Verwenden Sie dazu eine normale Haushaltskerze, die Farbe spielt keine Rolle. Wählen Sie einen Tag und eine Zeit aus, an denen Sie Zeit für sich haben und sicher durch niemanden gestört werden.

Setzen Sie sich vor die Kerze, und zünden Sie sie ganz bewusst an. Benützen Sie dafür am besten ein Streichholz, denn das erinnert im Gegensatz zum Feuerzeug noch ein wenig an die altertümliche Art des Feuermachens. Wenn Sie das brennende Streichholz an den Docht der Kerze halten, bitten Sie die Feuergeister, Ihnen bei Ihrem Vorhaben behilflich zu sein und Ihnen zu zeigen, was es mit dem Feuer auf sich hat.

Richten Sie nun Ihre Aufmerksamkeit auf die Flamme, und bitten Sie um Eindrücke und Bilder, die Ihnen die Energie der Flamme verdeutlichen kann. Falls alltägliche Gedanken auftauchen – wie etwa der Einkaufszettel für den nächsten Supermarktbesuch –, dann lassen Sie diese einfach weiterziehen, ohne sich mit ihnen zu beschäftigen. Was sonst noch wichtig ist, wird auch später noch zu Ihnen kommen. Lassen Sie ebenso alle Geräusche und sonstigen Ablenkungen an sich abgleiten, und bleiben Sie mit Ihrer Aufmerksamkeit voll und ganz bei Ihrer Kerze.

Wenn Sie genug haben oder zu abgelenkt sind, kommen Sie in Ihr alltägliches Bewusstsein zurück, und schreiben Sie möglichst gleich auf, was Sie gesehen oder empfunden haben.

Machen Sie sich keine Gedanken, wenn diese Übung beim ersten Mal noch nicht so richtig klappen sollte und Sie entweder gar nichts wahrnehmen oder ständig durch irgendwelche Gedanken abgelenkt werden. Je häufiger Sie solche Übungen zur Aufmerksamkeit und zum Visualisieren durchführen, desto leichter werden sie Ihnen fallen. Haben Sie einfach etwas Geduld mit sich, und lassen Sie sich Zeit.

Der Tag des Feuers

Ähnlich wie bei Ihrem Lufttag richten Sie auch an Ihrem Feuertag Ihre Aufmerksamkeit vornehmlich auf dieses Element. Achten Sie darauf, wie Sie es in Ihrem Alltag leben. Wählen Sie einen besonders typischen Tag aus, und schauen Sie sich an, wie Sie sich bewegen: ob Sie zum Beispiel viel oder schnell laufen oder eher sitzen und stehen. Arbeiten Sie mit Maschinen, Erdölprodukten wie Plastik oder Benzin, sind Sie vielleicht Soldat oder Soldatin, bei der Polizei oder bei der Feuerwehr? Oder haben Sie einen Beruf, in dem Sie sich mit offenem Feuer beschäftigen, egal ob Sie Kerzen herstellen oder an einem Hochofen stehen?

Nachdem Sie einen typischen (Arbeits-)Tag genauer betrachtet und dessen feurige Eigenschaften notiert haben, wählen Sie einen typischen Tag in Ihren vier Wänden. Betrachten Sie genau, wo und wie Sie es an so einem Tag mit feurigen Vorkommnissen zu tun haben. Zünden Sie sich Kerzen an, und beobachten Sie, wie sich dadurch die Energie in einem Raum verändert. Oder sperren Sie das Sonnenlicht am helllichten Tage aus, und betrachten Sie das Ergebnis. Lassen Sie Ihrem Einfallsreichtum freien Lauf, und folgen Sie unvermittelten Eingebungen. Auch Ihre Gedankenblitze sind ein Ergebnis des Elements Feuer. Vergleichen Sie anschließend Ihre Beobachtungen mit den Ergebnissen, die Sie während Ihrer Rundgänge durch Ihre Wohnung gesammelt haben. Vermerken Sie offensichtliche Wiederholungen und Abweichungen.

Wenn Wasser fehlt

Sie gehen jeden Tag mit großen Mengen von Wasser um; möglicherweise ist Ihnen das gar nicht bewusst. Bereits morgens beim Waschen und Zähneputzen, beim Händewaschen und auch beim Drink am Abend – bei allem spielt das Wasser eine Rolle. Obendrein besteht Ihr Körper zum größten Teil aus Wasser, das Sie den ganzen Tag über auffüllen sollten, damit Sie sich wohl fühlen. Schon von diesem praktischen Standpunkt aus betrachtet ist diese magische Flüssigkeit das Wasser des Lebens. Magisch gesehen verbindet Sie dieses Element mit Ihren Ahnen, Ihren Gefühlen und Ihrer Vergangenheit.

Wasser ist ein Element, das besonders stark darauf reagiert, wie Sie sich verhalten oder an was Sie denken. Wissenschaftler haben festgestellt, dass sich Wassermoleküle verändern, wenn Sie bestimmten Lauten ausgesetzt werden. Ob Sie ihm Heavy Metal vorspielen oder eine Sonate von Beethoven – das Wasser verändert jedes Mal entsprechend seine Form, bleibt aber Wasser. Ebenso reagieren die Wassermoleküle in Ihrem Körper auf Ihre Gefühle und auf das, was Sie über sich denken oder sagen. Falls es sich dabei um etwas handelt, das Sie schon seit

Jahren so empfinden, dann verankern Sie diesen Eindruck täglich etwas tiefer.
Ein einfaches Beispiel soll den Vorgang zu verdeutlichen helfen. Sie haben als Kleinkind ständig von Ihren Eltern gehört, dass Sie vorsichtig sein sollen. Daraus hat sich bei Ihnen der Eindruck entwickelt, die Welt sei ein gefährlicher Ort und Sie müssten sich ständig vor etwas schützen. Das wiederum führt dazu, dass Sie Ihre Umgebung misstrauisch betrachten, denn irgendjemand könnte Sie ja enttäuschen. Mit dieser Einstellung rufen Sie geradezu zwangsläufig genau die Situationen hervor und halten sie in Ihrer Erinnerung fest, die Ihr einmal gelerntes Weltbild bestätigen. Das Ganze funktioniert wie ein Verstärker.
Wollen Sie diesen Prozess umkehren und die Welt als wunderbaren und sicheren Ort betrachten, können Sie diese Wahrnehmung ebenso unterstützen wie diejenige, die Sie als Kleinkind beigebracht bekommen haben. Beobachten Sie sich zunächst einen Tag lang, und führen Sie eine Strichliste, wie oft Sie sich, andere oder auch eine Situation schlecht machen. Ärgern Sie sich über dumme Autofahrer? Über Kollegen, Partner oder Partnerin, Kinder, Eltern? Schimpfen Sie mit sich selbst, weil Sie einen Fehler gemacht haben? Für jedes Mal, bei dem Sie innerlich oder tatsächlich die Stirn runzeln und etwas als ungenügend, schlecht oder bescheuert bezeichnen, vermerken Sie einen Strich auf der Minusseite. Jedes Mal, wenn Sie etwas gut finden, sich über jemanden freuen oder ein angenehmes Gefühl mit einem Menschen oder einer Situation verbinden, machen Sie einen Strich auf der Plusseite. Seien Sie dabei unbedingt ehrlich. Denn auch wenn Sie sich gerne als engelsgleiches Geschöpf sehen würden, das mit sich und der Welt endlose Geduld hat, nützt es Ihnen bei Ihrer Arbeit mit sich selbst nichts, wenn dieses Bild nicht wirklich stimmt.
Falls Sie am Ende des Tages feststellen, dass Sie auf der Plusseite erheblich mehr Striche gemacht haben als auf der Minusseite, reicht es völlig, wenn Sie ganz allgemein für ein paar Tage Ihre Aufmerksamkeit auf das Thema Wasser richten. Verwenden Sie bewusst dieses Element, sei es zum Trinken, Waschen, Blumengießen oder wozu auch immer. Sie werden merken, dass Wasser in Ihrem Leben eine sehr wichtige Rolle spielt. Schreiben Sie Ihre Beobachtungen und Empfindungen auf, bei denen Sie den Eindruck haben, Sie besitzen eine gute Grundlage für die Arbeit mit diesem Element.
Falls Sie auf der Minusseite mehr Striche gemacht haben, dann befinden Sie sich in bester Gesellschaft. Die wenigsten Menschen gehen mit sich und ihren Mitmenschen in Gedanken freundlich um. Am schlimmsten behandeln sie dabei oft sich selbst. Sie haben große Erwartungen an ihre eigene Unfehlbarkeit und betrachten Fehler nicht etwa als Gelegenheit dazuzulernen, sondern als etwas, das es zu verheimlichen oder zu überspielen gilt.
Irgendwann, zwischen dem Alter von drei Jahren und heute, ist Ihnen da etwas abhanden gekommen. Damals haben Sie noch glücklich

zum x-ten Mal die Bauklötze gestapelt, weil Sie noch nicht durchschaut hatten, dass der Turm besser steht, wenn die großen unten und die kleinen oben liegen. Wieso glauben Sie eigentlich, dass es mit den Lebensbauklötzen anders ist?
Lassen Sie sich also nicht von den Strichen im Minus aus der Ruhe bringen, sondern nehmen Sie die Gelegenheit wahr, um Ihr Denken und Handeln umzustellen. Denken Sie zuversichtlich. Dabei ist es ganz egal, ob Sie sich einen mantragleichen Satz suchen, der Ihr neues Lebensgefühl ausdrücken soll, oder ob Sie sich einfach nur bremsen, wenn Sie sich mal wieder ärgern, gleichgültig, ob über sich selbst oder über andere, denn schließlich ärgern SIE sich, mit den anderen hat das überhaupt nichts zu tun.

Der Tag des Wassers

Gehen Sie an diesem Tag sehr bewusst mit dem Element Wasser um, und lassen Sie sich auf Ihre Gefühle zu anderen Menschen ebenso ein wie auf Situationen und Ereignisse. Lassen Sie Ihren Gefühlen freien Lauf, wenn Sie sich unter Menschen befinden, oder verbergen Sie ständig einen Teil von sich? Sind Sie in Ihren Augen zu hart oder zu weich, stehen Sie in enger Verbindung mit Ihren Mitmenschen, oder halten Sie eher Abstand? Was lösen Menschen und Ereignisse in Ihnen für Gefühle aus? Überwiegt eine bestimmte Art von Gefühlen, und würden Sie sagen, dass sich diese überwiegenden Gefühle hilfreich auf Ihr Wohlbefinden und Ihre Gesundheit auswirken? Betrachten Sie einen solchen typischen Tag allgemein und dann einen in Ihren vier Wänden. Vergleichen Sie, und notieren Sie sich bereits bestehende Vorstellungen und Wünsche. Es geht nicht um einen festen Plan im Kopf, sondern nur um Wünsche und Gefühle.
Wenn Sie Ihren Wassertag besonders spannend gestalten wollen, dann verwenden Sie diesen dazu, nicht ein einziges unfreundliches Wort zu sich und anderen zu sagen. Probieren Sie mal aus, wie es Ihnen geht, wenn Sie nur für einen einzigen Tag aber auch wirklich jedem Idioten – und der größte sind in Ihren Augen vermutlich Sie selbst – mit ehrlicher Freundlichkeit begegnen.

Wenn Erde fehlt

Unabhängig davon, was Sie tun, Sie brauchen einen festen Stand. Und den bekommen Sie am besten, wenn Sie jederzeit gut geerdet sind. Die Erde unter Ihren Füßen ist so selbstverständlich, dass sie Ihnen kaum auffällt und Sie sie deshalb leicht mit Füßen treten. Wenn Ihnen dieses Element fehlt, könnte es sein, dass Sie schnell aus der Kurve fliegen und nicht mehr so recht wissen, warum Sie eigentlich irgendetwas vorhatten oder welches Ziel Sie verfolgt haben. Oder Sie haben erst gar keines. Vielleicht sind Sie Feuer und Flamme (Feuer) für eine Idee (Luft), Ihr Gefühl (Wasser) sagt Ihnen, es wäre eine gute Idee, aber bei der Durchführung fehlt es dann an Bestimmtheit. Wenn es Ihnen schwer fällt, eine Sache wirklich zum Abschluss zu bringen, sie Gestalt und somit alltägliche Wirklichkeit annehmen zu lassen, dann fehlt Ihnen die nötige Erdung. Am leichtesten bekommen Sie diese durch Nahrungsmittel und jegliche körperliche Betätigung. Fangen Sie jetzt bitte nicht an, hemmungslos Schokokekse zu futtern, weil diese für Ihre Erdung notwendig sind. Rennen Sie lieber dreimal die Treppe rauf und runter, gehen Sie ins Sportstudio, oder machen Sie einen Spaziergang. Alles, wobei Sie nicht anders können, als Ihren ganzen Körper wahrzunehmen, hilft Ihnen dabei, sich zu erden.

Übung: Aus dem Bauch entscheiden

Ihre innere Stimme ist der beste Wegweiser für all Ihre Vorhaben, denn nur Sie allein wissen, was Ihnen wirklich gut tut. Trennen Sie sich also von der Vorstellung, ein anderer hätte die Antworten auf Ihre Fragen, und entdecken Sie Ihre innere Weisheit.

Falls Sie sich nicht entscheiden können, ob Sie Gegenstände Ihres Haushalts loswerden oder behalten wollen, dann nehmen Sie diese in die Hand (wenn es größere Teile wie Möbel sind, legen Sie die Hand darauf oder daran) und stellen sich fest hin. Am besten stehen Sie leicht breitbeinig (etwa schulterbreit) und drücken Ihre Knie nicht ganz durch. Sie brauchen nicht gleich in die Knie zu gehen, eine leichte Beweglichkeit reicht aus, so als wenn Sie auf einer schwankenden Oberfläche stünden und die Bewegungen ausgleichen müssten. Stampfen Sie nun leicht mit den Füßen auf den Boden (falls unter Ihnen jemand wohnt, wählen Sie bitte eine Tageszeit, zu der Ihre Nachbarn zumindest wach oder – noch besser – außer Haus sind). Dabei summen Sie so tief wie möglich aus dem Bauch heraus. Achten Sie dabei darauf, dass Sie Ihr Gewicht erst von einem Fuß auf den anderen verlagern, wenn dieser auch wirklich fest steht. Also: zuerst stampfen, Gewicht verlagern, mit dem anderen Fuß stampfen und dorthin das Gewicht verlagern. Sie bewegen immer nur den Fuß, der gerade kein Gewicht trägt. Achten Sie beim Stampfen auch darauf, dass sich Ihr Körper nicht verkrampft und Sie Ihre Gelenke schonen.

Wenn Sie Ihre Aufmerksamkeit nicht mehr auf die Bewegung selbst zu richten brauchen, können Sie einen Augenblick ruhig stehen bleiben. Schwingen Sie mit Ihrer Konzentration von Ihrem Körper auf den Gegenstand, den Sie mit der Hand oder den Händen berühren. Spüren Sie der Empfindung nach, die Sie für ihn haben, und lassen Sie die Anwesenheit dieses Gegenstandes auf sich wirken. Sobald Sie anfangen, logisch zu denken, brechen Sie ab. Hier geht es nicht um Ihren Verstand, sondern darum, welche unmittelbaren Informationen Sie sich erschließen können – und die kommen durch das Bauchgefühl.

Der Tag der Erde

Um sich dem letzten der vier Elemente zu öffnen, brauchen Sie sich nur um Ihre alltäglichen körperlichen Bedürfnisse zu kümmern. Wenn Sie beim Essen oder auch beim Arbeiten aufmerksam mit Ihrem Tastsinn umgehen, bekommen Sie jede Menge Informationen über das Element Erde.
Halten Sie beispielsweise ein Schreibgerät in der Hand, dann schließen Sie einfach einen kurzen Augenblick die Augen, und nehmen Sie war, wie es gestaltet ist. Spüren Sie die unterschiedlichen Oberflächen. Sie können auf diese Weise jeden Gegenstand, dem Sie in Ihrem Alltag begegnen, neu entdecken: Schließen Sie einfach die Augen, und schicken Sie den Tastsinn auf die Reise. Wenn Sie Ihre Sinne gleichmäßig gut ausbilden, hilft Ihnen das beim Visualisieren während Ihrer Rituale, ebenso bei den Affirmationen, die Sie vielleicht in Ihren täglichen Ablauf eingebaut haben. Je klarer Sie mit allen Sinnen empfinden können, was Sie sich vorstellen, desto größer ist die Energiebewegung in diese Richtung.

Das fünfte Element

Um sich nach den vier Himmelsrichtungen und den Elementen eingehender mit dem fünften Element zu beschäftigen, ist die beste Voraussetzung, dass Sie die Verbindung zwischen den vier anderen stärken. Arbeiten Sie zum Beispiel eine Woche lang täglich mit Ihrem Hausaltar. Dort stehen Ihnen alle Elemente gleichzeitig und ganz ausgewogen zur Verfügung.
Meditieren Sie, räumen Sie auf Ihrem Altar herum, und beobachten Sie, wie sich die Kräfte um Sie herum verändern, wenn Sie mit Ritualen arbeiten, die mal das eine und mal das andere der vier Elemente in den Vordergrund stellen. Achten Sie aber darauf, dass Sie bei Ritualen, die Sie besser mit dem fünften Element verbinden sollen, immer alle Elemente zu ihrem Recht kommen lassen, auch wenn Sie unterschiedliche Schwerpunkte setzen. Außerdem können Sie mit dem Kreis selbst arbeiten. Drehen Sie sich zu schneller Musik im Kreis, bis Ihnen schwindlig wird, nehmen Sie wahr, wie sich Ihre Lebenskraft mit derjenigen um Sie herum verbindet, und öffnen Sie sich dieser. Tanzen, singen, summen, hüpfen Sie herum. Lassen Sie sich von den gesammelten Elementekräften in Ihrem Körper leiten.
Falls Ihnen das zu viel Bewegung ist, können Sie auch den umgekehrten Weg wählen. Probieren Sie es einmal mit Meditationstechniken, die Sie zu Ihrem Innersten führen. Auch in der Mitte – Ihrer eigenen oder der Ihres magischen Kreises – finden Sie das fünfte Element.

Vom Keller bis zum Dachgeschoss

Ihre Umgebung spielt eine entscheidende Rolle für Ihr Wohlbefinden. Nehmen Sie sich Zeit, Ihre eigenen vier Wände auf Herz und Nieren zu prüfen und neu zu gestalten.

Ganz gleich, ob Sie in einem Mehrfamilienhaus wohnen oder in einem Hexenhäuschen im Wald: Sie brauchen ein Zuhause, in dem Sie die Energien vorfinden, die Sie unterstützen und die die Kräfte ausgleichen, die Sie von draußen mit hereinbringen. Ein solches Heim ist wichtig, damit Sie mit Ihren Mitmenschen in Harmonie leben können. Wenn es obendrein noch nett aussieht, ist das kein Nachteil. Schon wenn Sie ein Haus zum ersten Mal betreten, wissen Sie, ob Sie sich vorstellen könnten, dort zu leben. An manchen Orten fühlen Sie sich besonders wohl, an anderen überhaupt nicht. In den eigenen vier Wänden haben Sie Plätze, an denen Sie und Ihre Katze besonders gern ein Mittagsschläfchen halten, und andere, an denen Sie nie zur Ruhe kommen.
Ein anderer Mensch reagiert auf dieselben Orte möglicherweise ganz anders. Trennen Sie sich von der Vorstellung, dass jemand Recht oder Unrecht hat. Zum Glück erwarten wir von den Räumen unseres Zuhauses ganz verschiedene Dinge.

Jeder Raum hat seine Aufgabe

So wie jedes Ihrer Organe innerhalb Ihres Körpers eine bestimmte Aufgabe hat, erfüllen auch die einzelnen Räume Ihres Hauses bestimmte Funktionen und schenken Ihnen besondere Energien. Wenn Ihre Organe nicht harmonisch miteinander arbeiten, wie dies die Natur vorgesehen hat, werden Sie krank. Ebenso steht es mit Ihrer energetischen Gesundheit nicht zum Besten, wenn Ihre Räumlichkeiten nicht energetisch aufeinander abgestimmt sind.
Schauen Sie sich die vorangegangenen Kapitel und Übungen unter diesem Gesichtspunkt noch einmal an. Sicher haben Sie mittlerweile eine genaue Vorstellung davon entwickelt, was Sie sich in Ihren vier Wänden erhoffen und welche Energien Sie sich in einzelnen Räumen und an einzelnen Stellen wünschen. Die folgenden Hinweise und Tipps sollen Sie dabei unterstützen, die gewünschten Ergebnisse zu erzielen und erfolgreich in die Praxis umzusetzen.

Die Küche

Nachdem früher die Wohnküchen die wichtigsten Räume der Häuser und Wohnungen waren, baute man danach lange Zeit winzig kleine Küchen: ungemütliche, enge Räume, hinter deren verschlossene Türen die Hausfrauen verbannt wurden und in denen lediglich das Essen zubereitet wurde. Das hat sich mittlerweile wieder geändert. Die moderne Küche ist ein gut organisierter, teilweise durchgestylter Lebensraum, in dem nicht nur gekocht, sondern auch gegessen, geplaudert, gespielt und gelebt wird. Die Funktionen dieses Raums sind so vielfältig wie die Menschen, die ihn nutzen.

Lebenszentrum Küche

Da die Küche nicht einem Lebensbereich alleine zugeordnet ist, sollten Sie sich besonders genau ansehen, wie SIE diesen Raum im Alltag nutzen. Wenn Sie zu den Menschen gehören, die höchstens ein Fertiggericht in der Mikrowelle erwärmen und sogar für ihr Frühstücksei einen elektrischen Eierkocher verwenden, brauchen Sie eine andere Energie in Ihrer Küche (und in den anderen Räumen), als wenn Sie eine Meisterköchin sind, die Zehn-Gänge-Menüs für die Großfamilie zaubert.
Die Küche ist der Raum, in dem alle Elemente versammelt sind, da alle zur Zubereitung von Nahrungsmitteln nötig sind. Dort finden Sie Feuer zum Kochen (auch wenn Sie einen Elektroherd haben) und Wasser zum Abspülen; die Utensilien, mit denen Sie in der Küche hantieren, gehören zum Element Erde – und Luft haben Sie sowieso um sich herum.
Was immer sich in Ihrer Küche stapelt: Räumen Sie einmal alles aus. Spätestens, nachdem Sie diesen Satz auf sich wirken gelassen haben, wissen Sie, ob es Ihnen ernst damit ist, die Energie in Ihren Räumen fließen lassen zu wollen. Denn wenn Sie jetzt nach einer Ausrede suchen, um sich vor dieser Arbeit zu drücken, dann lassen Sie das Vorhaben zunächst am besten ganz sein und legen das Buch für eine Zeit beiseite – bis Sie wirklich so weit sind, das Thema anzugehen.

Räumen Sie Ihre Küchenschränke aus

Holen Sie sich ein halbes Dutzend Umzugskartons mittlerer Größe, die Sie noch gut selbst tragen können, wenn sie mit schweren Dingen gefüllt sind. Beginnen Sie mit einem Schrank in einer der vier Himmelsrichtungen, und sortieren Sie alles, was zu diesem Element passt, in einen Karton. Den ganzen Rest packen Sie in einen anderen Karton. So trennen Sie zum Beispiel Dinge, die dem Element Feuer zuzuordnen sind, von allem anderen. Eine Liste, welche Lebensmittel zu welchen Elementen zählen, finden Sie im Anhang.
Schauen Sie sich an, was Sie in den Restkarton gegeben haben. Sortieren Sie die Gegenstände grob in die anderen drei Elemente, und verteilen Sie sie auf die entsprechenden Kartons. Beschriften Sie gegebenenfalls Ihre Kartons, um sich besser daran erinnern zu

können, welches Element in welchen Karton gehört; dann können Sie Ihre Tätigkeit auch über mehrere Tage verteilen, ohne dass Sie jedes Mal aufs Neue überlegen müssen. Wenn Sie alle Gegenstände und Lebensmittel auf diese Weise sortiert haben, schauen Sie sich an, wie sich Ihre Dinge auf die Elemente verteilen. Die meisten Menschen greifen instinktiv bevorzugt zu Lebensmitteln, die sie besonders unterstützen, auch wenn diese unter dem ernährungsphysiologischen Aspekt weniger gesund für sie sind als andere. Wenn Sie also besonders viele Dinge von einem Element in Ihren Schränken vorfinden, dann ist das ein klarer Hinweis auf Ihr persönliches Energiebedürfnis.

Nach Elementen sortiert neu einräumen

Sortieren Sie wenn möglich Ihre Lebensmittel so, dass Erdiges – etwa Brot, Reis, Getreide, Nudeln und dergleichen – unten im Schrank liegt. Die anderen Elemente verteilen Sie darüber, so wie es Ihnen am besten gefällt. Wenn Sie für jeden Nahrungsmitteltyp einen eigenen Behälter (zum Beispiel einen Korb oder verschließbaren Plastikcontainer) verwenden, können Sie diese zusätzlich mit den entsprechenden Symbolen für die Elemente verschönern. Die Symbole verstärken die Energie Ihrer Speisen, sozusagen als spirituelles Gewürz. Achten Sie darauf, dass angebrochene Packungen gut verschlossen sind, und verbrauchen Sie Ihre Vorräte regelmäßig. Werden Sie los, was nicht funktioniert oder was Sie seit zwei Jahren nicht benutzt haben. In der Küche können Sie getrost rücksichtslos sein, da Sie dort vorrangig Gebrauchsgegenstände aufbewahren, deren Gefühlswert nicht hoch ist.

Wenn Sie Ihre Küche gleichzeitig als Esszimmer nutzen, lesen Sie die Vorschläge fürs Esszimmer, und beziehen Sie diese mit ein. Achten Sie dabei besonders darauf, dass Sie nicht zu viel Feuerenergie verwenden – damit Ihre Lieben beim Essen auch tatsächlich sitzen bleiben – und nicht zu wenig – weil sonst leicht Ihre Verdauungsfeuer gelöscht werden.

Das Wohnzimmer

Das Wohnzimmer ist – energetisch betrachtet – ein schwieriger Raum, weil es hier besonders stark darauf ankommt, wie Sie ihn nutzen. Und das ist wahrscheinlich von Tag zu Tag verschieden. Die einen sitzen im Wohnzimmer stundenlang vor dem Fernsehapparat, andere empfangen dort fast täglich Freunde, bei den Nächsten herrscht dort ein reges Familienleben. Die Funktion dieses Raumes bestimmt, wie Sie ihn gestalten und was Sie hier aufbewahren oder aussortieren – abhängig davon, ob Sie den Raum hauptsächlich für Anregendes aller Art benützen oder ihn vor allem als Oase der Entspannung ansehen. Schauen Sie sich also als Erstes an, ob Sie diesen Raum so nutzen, wie Sie es sich wünschen, oder ob Sie eine ganz andere Vorstellung von dem haben, was sich dort abspielen sollte.

Ausgleich finden

Wenn Sie Ihr Wohnzimmer hauptsächlich zum Entspannen nutzen wollen, sollten Sie dort Dinge vorfinden, die Ihnen dabei helfen. Welche das sind, haben Sie bereits auf Ihrer Elementeliste zusammengestellt. Nehmen Sie diese Liste noch einmal zur Hand, und schauen Sie nach, in welchen Himmelsrichtungen welche energetischen Zustände bestehen. Die beiden Elemente im Westen und Norden, also Wasser und Erde, wirken grundsätzlich eher entspannend als Feuer und Luft. Überlegen Sie, ob diese so aussehen, wie Sie sie sich wünschen. Achten Sie dabei nicht so sehr auf das Wie, sondern eher auf den großen Zusammenhang. Wenn Sie ein Zeitungsberg stört, dann übersehen Sie ihn einfach. Sonst legen Sie alles, was Ihnen beim Nachdenken und Wohlfühlen im Wege ist, kurzerhand in den Flur.

Das Wohnzimmer ausräumen

Sollte Ihr Wohnzimmer völlig chaotisch aussehen, benutzen Sie einen Umzugskarton. Denken Sie aber daran, dass Sie alles, was Sie dort hineinpacken, anschließend wieder auspacken. Es lohnt sich folglich, sofort für jeden Gegenstand festzulegen, was Sie damit machen wollen, und ihn endgültig zu sortieren: entweder in eine Kiste für den Sperrmüll, für den Trödelmarkt oder zum späteren Wiederaufstellen. Nehmen Sie die Heiß-Kalt-Methode zu Hilfe, die Sie sicherlich mittlerweile meisterhaft beherrschen.

Den Raum betrachten wie beim ersten Mal

Sollten Sie sich Ihr Wohnzimmer nur schwer anders vorstellen können, als es im Augenblick aussieht, verwenden Sie die Umzugskisten auf die gleiche Weise, wie Sie es bereits in der Küche getan haben. Wenn zum Beispiel der Berg Zeitschriften in einer bestimmten Ecke förmlich festgewachsen ist und Sie nicht wissen, wie die Wand dahinter aussieht, dann nehmen Sie ihn dort weg. Legen Sie ihn auf einen Platz, wo er eigentlich schon immer sein sollte – oder legen Sie ihn in die Mitte des Raumes oder vor die Tür. Wichtig ist, dass Sie den Raum betrachten, als wenn Sie ihn zum ersten Mal sähen. Falls Ihnen das schwer fällt und Sie damit nicht weiterkommen, überlegen Sie, wer in Ihrem Freundeskreis für solche Dinge etwas übrig hat. Laden Sie diese Person – oder auch mehrere – zu sich ein, und bitten Sie um Vorschläge. Ob Sie diese dann tatsächlich umsetzen, können Sie später entscheiden. Auf jeden Fall erhalten Sie einen unvoreingenommenen und frischen Blick auf Ihre vier Wände.

Die richtige Aufstellung unterstützt die Energie

Prüfen Sie nun, an welchen Stellen im Raum die jeweiligen Elemente am stärksten vertreten sind. Wenn Sie durcheinander kommen und einen Anhaltspunkt brauchen, legen Sie einfach farbige Gegenstände in die entsprechenden Himmelsrichtungen. Dann können

Sie sich voll und ganz auf Ihre Einrichtung konzentrieren, anstatt ständig zu überlegen, woher welche Energie kommt.

Jeder Gegenstand hält Energie an dem Ort fest, an dem er steht. Ein Schrank an einer Nordwand etwa verankert dort das Element Erde – vor allem, wenn es sich dabei um ein Möbelstück aus Holz handelt. Ein Metallgestell an der gleichen Stelle sorgt dafür, dass die Erde mit Feuer angeheizt wird. Die Folge: Der entspannende und beruhigende Einfluss des Elements Erde wird gebremst. Sehen Sie sich an, wie die größeren Möbelstücke in Ihrem Wohnzimmer angeordnet sind und ob Sie sie anders aufstellen könnten.

Achten Sie bei der Aufstellung Ihrer Sitzmöbel darauf, in welche Richtung Sie schauen und welche Energie Ihnen den Rücken stärkt. Die Elementerichtung, die hinter Ihnen liegt, ist Ihr Motor, während die Himmelsrichtung, die Ihnen gegenüberliegt, dem entspricht, wie Sie damit umgehen und wie Sie rüberkommen. Es handelt sich dabei immer um Gegensatzpaare. Blicken Sie nach Süden, ins Element Feuer, haben Sie die ruhige Kraft der Erde hinter sich und umgekehrt: Das Feuer im Rücken wirkt anregend, während Sie die Erdenergie aus dem Norden ausgleicht und beruhigt. Schauen Sie nach Osten, sehen Sie Ideen und regem Austausch entgegen, während Ihnen von hinten die Tiefe der Gefühle, Ihre Ahnenreihe und die Verbindung zum Element Wasser über die Schulter blicken. Wenn Sie dagegen in den Westen sehen, fällt Ihnen die gefühlsmäßige Verbindung zu Ihrem Gegenüber leicht, und das Element Luft hält Sie aus dem Osten in Bewegung. Wenn Sie grundsätzlich mehr Entspannung als Anregung suchen, behalten Sie die Elemente Erde und Wasser im Rücken; suchen Sie dagegen Anregungen, lassen Sie sich von Feuer und Luft anschieben.

Richten Sie nicht alle Sitzmöbel gleich aus – nicht nur, weil es unpraktisch ist, wie die Hühner auf der Stange nebeneinander zu hocken: Wenn Sie die Sessel, Stühle und Sofas im Raum verteilen, haben Sie vor allem jederzeit die Möglichkeit, von einem Elementefluss zum anderen zu wechseln – je nachdem, ob Sie das Bedürfnis nach einem energetischen Schub oder nach Beruhigung haben.

Die Farben Ihres Wohnzimmers können Sie entsprechend der Farben für die Elemente wählen. Möchten Sie öfter wechseln, holen Sie sich durch Sofaüberwürfe, bunte Kissen und Wandbehänge Farbe in Ihren Raum. So können Sie die Farben Ihres Wohnzimmers jederzeit – zum Beispiel je nach Jahreszeit – verändern, ohne gleich den Maler bestellen zu müssen oder neue Möbel zu kaufen.

Das Esszimmer

In diesem Raum sollte hauptsächlich gegessen werden, auch wenn er noch zu anderen Tätigkeiten dient. Richten Sie ihn deshalb hauptsächlich auf diesen Zweck aus. Wenn Sie die Energie in diesem Raum in Bewegung setzen bzw. halten wollen, dann wählen Sie einen runden oder zumindest ovalen Tisch. Beide Formen bringen Bewegung, denn es gibt keine starre Ordnung. Bei abgerundeten Formen fließen die Energie, die Blicke und die Bewegungen der Menschen im Raum ungehindert.

Stärken Sie die Feuerenergie

Da Sie im Esszimmer bereits durch die Nahrung mit dem Element Erde und mit Erdung allgemein zu tun haben, brauchen Sie das Element nicht noch durch Erdfarben zu verstärken. Ebenso wenig brauchen Sie eine Einrichtung aus Holz zu wählen. Regen Sie stattdessen lieber das Verdauungsfeuer an: mit Metall und der Farbe Rot. Wenn Sie zum Beispiel ein tiefes Burgunderrot mit Messing zusammen verwenden, wird sich die Kraft des Feuers hervorragend verstärken.

Luftkräfte sollten Sie im Essbereich nur sparsam einsetzen, da der Raum zum Verweilen und ruhigen Genießen einladen soll und nicht zum hastigen Fastfood. Wenn Sie wollen, können Sie das Element Wasser als energetischen Gegensatz zum Feuer betrachten und als sparsames i-Tüpfelchen dazugeben.

Überlegen Sie, was Sie in diesem Raum – außer zu essen – sonst noch machen. Sitzen Sie dort gerne mit Freunden zusammen? Versammelt sich die Familie, um Spiele zu machen, oder sitzen Sie dort gerne und lesen ein Buch? Wenn Ihr Esszimmer solche zusätzlichen Aufgaben übernimmt, stellen Sie sicher, dass die Gegenstände, mit denen Sie sich dort umgeben, diesen Anforderungen entsprechen. Verwenden Sie alles, was die jeweilige Tätigkeit nährt.

Im Essraum gelten für die Anordnung der Sitzgelegenheiten die gleichen Regeln wie im Wohnzimmer. Je nachdem, wie jemand sitzt, hat er jeweils eines der Elemente im Rücken und ein anderes vor sich.

Mit Kristallen einen Elementeausgleich schaffen

Wünschen Sie sich in Ihrem Esszimmer eine einheitliche Energie, so dass die Aufmerksamkeit vor allem auf die Lebensmittel gerichtet ist, können Sie den natürlichen Energiefluss ausgleichen. Wählen Sie für Ihren Elementeausgleich am besten Kristalle. Sie sind problemlos in Ihrem Raum unterzubringen und leicht zu beschaffen. Besorgen Sie sich weder riesige Klötze noch kleine Splitter, sondern suchen Sie Kristalle aus, die mit Ihnen sprechen und zu denen Sie eine wirkliche Verbindung haben. Nehmen Sie beim Kauf oder beim Sammeln die Steine mit der Absicht in die Hand, Sie für den Energieausgleich der Elemente zu verwenden, und fragen Sie, welcher der Steine mit Ihnen zusammen diese Aufgabe übernehmen will. Entscheiden Sie sich entsprechend.

Wenn Sie Ihre Steine gefunden haben – entweder fünf oder neun –, klären Sie sie zunächst. Legen Sie sie dazu eine Mondphase lang, von Vollmond zu Vollmond, in den Garten, auf Ihren Balkon oder auf die Fensterbank. Sorgen Sie dafür, dass sie so viel natürliches Licht wie möglich bekommen, auch wenn sie nicht die ganze Zeit vom Mond beschienen werden.

Übung: Energiegitter-Ritual

Erstellen Sie ein ständiges Energiegitter, das Sie mit Hilfe von Steinen oder anderen Gegenständen verankern. Dann brauchen Sie sich nur ab und zu darum zu kümmern.

Nach der Reinigung der Steine führen Sie ein Ritual durch, bei dem Sie Energiegitter über Ihr Esszimmer legen. Sie brauchen dafür die üblichen Gegenstände, die Sie für ein Ritual verwenden. Außerdem benötigen Sie Ihre Kristalle.

Schließen Sie in Ihrem Esszimmer wie gewohnt den magischen Kreis, und beziehen Sie dabei den gesamten Raum ein. Dann gehen Sie möglichst in die Mitte. Nehmen Sie Ihre Kristalle zur Hand, und halten Sie sie zwischen Ihren Handflächen. Summen Sie vor sich hin, während Sie Ihre Steine mit Energie aufladen. Sie brauchen dabei keine bestimmte Elementenergie zu visualisieren, sondern nur ein Aufladen – als wenn Sie kleine Kraftwerke herstellten.

Sobald Sie mit dem Aufladen fertig sind, visualisieren Sie, wie von den Steinen ein Energienetz ausgeht, dass Ihre Kristalle mit einem fein gesponnenen Lichtgewebe umgibt.

Nehmen Sie nun den ersten Kristall, und legen Sie ihn an die Ostseite des Raumes. Sie können ihn in einen Schrank legen oder auch darunter, obendrauf oder als sichtbare Dekoration auf ein Regal. Wo er genau liegt, spielt keine Rolle; wichtig ist nur, dass er im Osten des Raumes liegt. Den zweiten Kristall legen Sie in den Süden. Danach gehen Sie im Westen und Norden genauso vor. Wenn Sie neun Steine verwenden, gehen Sie noch eine Runde durch das Zimmer und legen diesmal je einen Kristall in den Nordosten, Südosten, Südwesten und Nordwesten.

Nun ist noch Ihr Kristall für das fünfte Element vorhanden, den Spirit, der alles zusammenhält. Diesen legen Sie in die Mitte des Raumes, wo vermutlich Ihr Tisch steht. Falls Sie den Stein nicht offen auf den Tisch legen wollen, können Sie ihn auch mit Klebeband unter der Tischplatte befestigen. Falls die Mitte Ihres Esszimmers frei ist und sich dort kein Möbelstück befindet, an dem oder unter dem Sie den Kristall platzieren können, befestigen Sie Ihren Stein unter der Decke bzw. an der Deckenleuchte.

Wenn Sie damit fertig sind, visualisieren Sie noch einmal nacheinander alle Steine und verbinden Sie sicher mit dem Energienetz. Dann öffnen Sie wie gewohnt Ihren Kreis.

Dieses Energienetz können Sie nun regelmäßig auftanken und stärken, indem Sie es energetisch aufladen (zum Beispiel durch Reiki). Visualisieren Sie dabei, wie sich die Kräfte der Himmelsrichtungen gleichmäßig über das von Ihnen ausgelegte Energienetz im Raum verteilen und miteinander vermischen. Auf diese Weise haben Sie ein energetisch einheitliches Zimmer geschaffen.

Falls Sie Ihren Essplatz in der Küche haben, können Sie diesen Elementeausgleich auch für beide Räume zusammen durchführen. Auf diese Weise bringen Sie die Elemente für beide Räume ins Gleichgewicht und sorgen außerdem für einen Ausgleich zwischen den beiden Bereichen.
Falls Sie auch andere Räume Ihres Hauses mit einem Energienetz versehen möchten, können Sie die Übung zum Esszimmer auch auf andere Bereiche anwenden. So könnten Sie beispielsweise für anregende Gedanken in Ihrem Arbeitszimmer sorgen, wenn Sie mit Hilfe von Zirkonen (weiß oder gelb) ein Energiegitter über Ihren Schreibtisch legen.

Das Schlafzimmer

Ihr Schlafzimmer so zu gestalten, dass es Ihnen Ruhe und Erholung bringt, sollte recht einfach sein. So meint man zumindest. Doch gerade beim Schlafen sind Sie besonders stark mit Ihren Vorfahren, Ihren Träumen und Wünschen und damit auch mit Ihren Wurzeln beschäftigt. Deshalb sollte dieses Zimmer nichts als Ruhe verheißen.

Beruhigende Elemente fördern

Ruhe in Ihrem Schlafzimmer können Sie erhalten, indem Sie alles ausräumen, was nicht direkt zu Ihrem Bett gehört. Sie hätten dann einen wunderbar leeren Raum, bei dem kein abgelegtes Buch, kein Brief, kein überflüssiger Krempel Ihre Ruhe stört. Wenn Sie mit einem solchen Raum zufrieden sind, schmeißen Sie wirklich alles raus, was Sie dort nicht täglich benutzen. Vermeiden Sie belebende Farben wie Rot, Orange oder Gelb – schließlich wünschen Sie kein anregendes Feuer, sondern beruhigende Elemente wie Wasser oder Erde. Wählen Sie – falls überhaupt eine Farbe – blasse und sanfte Farbtöne.
Im besten Falle liegt Ihr Schlafzimmer im Westen Ihrer Wohnung oder Ihres Hauses. Oder es hat zumindest eine starke Anbindung an diese Himmelsrichtung, beispielsweise weil sich dort die Tür befindet. Falls das nicht zutrifft, steht Ihr Bett mit dem Kopfende nach Westen. Oder Sie blicken wenigstens beim Aufwachen in diese Richtung. Wenn sich nichts von alldem in Ihren vier Wänden verwirklichen lässt, verwenden Sie die Farben dieser Himmelsrichtung, um Ihre Verbindung dorthin zu stärken: Blautöne aller Art.

Die Ahnenkräfte stärken

Suchen Sie eine besonders starke Verbindung zum Element Wasser und zum Westen, dann unterstützen Sie diese, indem Sie in Ihrem Schlafraum Dinge aufbewahren oder aufstellen, die Sie mit Ihren Vorfahren verbinden. Achten Sie darauf, dass Sie nur solche Gegenstände auswählen, die Sie dort wirklich sehen wollen – und nicht etwa Dinge, die praktisch sind oder schon immer da waren. Wenn Ihnen beispielsweise die Farben Ihrer Bettwäsche nicht mehr passend erscheinen, wechseln Sie diese aus, oder färben Sie Ihre

Bettwäsche in der Waschmaschine, bis sie Ihnen gefällt. Wenn das Bild Ihrer Familie schon immer auf Ihrem Nachttisch stand, Sie aber eigentlich lieber eine Blume dort sehen würden, dann lassen Sie sich nicht durch Schuldgefühle davon abhalten, das Bild zu entfernen. Stellen Sie Ihre Familie einfach an einen Platz, den Sie für die Verbindung zu Ihren Ahnen nutzen möchten. Die Ahnenecke im Schlafzimmer sollte nicht Ihren Ahnenplatz im Haus ersetzen; im Schlafzimmer reicht ein kleiner Hinweis.

Ein Raum, um zur Ruhe zu kommen

Noch einmal: Bewahren Sie in Ihrem Schlafzimmer nur die Dinge auf, die dort hingehören. Der Raum ist keine Ersatzmüllhalde für alles, was woanders keinen Platz mehr hat oder was Sie nicht jeden Tag wegräumen wollen. Anstatt beispielsweise Bügelbrett und Bügeleisen ständig im Schlafzimmer herumstehen zu lassen, geben Sie lieber das Bügeln auf.

Es genügt schon, dass Sie tagsüber in einem ständigen energetischen Austausch mit Ihrer Umgebung sind, diese wahrnehmen und in ihr und mit ihr handeln. Nachts ist der Austausch noch viel weiter reichend, da er nicht durch Ihr Wachbewusstsein gefiltert wird. Folglich beeinflusst Sie alle Energie, der Sie nachts ausgesetzt sind, stärker. So löst der Berg alter Zeitungen tagsüber den einen oder anderen Gedanken aus, nachts dagegen bewegt sich diese Energie ungehindert in Ihrem Umfeld.

Wenn Sie unter Schlaflosigkeit leiden, überlegen Sie einmal, was Sie vor dem Schlafengehen machen und welche Gedanken Sie mit ins Schlafzimmer nehmen. Vielleicht läuft der Fernseher und sendet ungefilterte Bilder in den Raum, von elektromagnetischen Feldern und Bildschirmstrahlung einmal ganz abgesehen. Oder Sie lesen vor dem Einschlafen einen Krimi, der ebenfalls zu Ihrer Schlaflosigkeit beitragen könnte. Auch Arbeit, Streitereien und andere Ereignisse, die Ihnen die Ruhe rauben, gehören nicht in diesen Raum. Räumen Sie diese auf oder aus.

Falls Sie hier Energien mit Hilfe von Halbedelsteinen ausgleichen wollen, achten Sie darauf, dass diese Maßnahme nicht etwa die Energie des Raumes beschleunigt. Sie fördern sonst eher Unruhe statt erholsamen Schlaf. Ein Stein – etwas ein Rosenquarz – reicht völlig. Verwenden Sie ansonsten lieber einfache Kieselsteine, um zum Beispiel die Energien unter oder um Ihr Bett herum in Einklang zu bringen. Sie haben eine wesentlich sanftere Kraft als etwa Kristalle.

Das Kinderzimmer

Im Hinblick auf das Aufräumen ist das Kinderzimmer ein schwieriger Raum. Welche Eltern kennen nicht die leidige Frage, wer dort für das Aufräumen zuständig ist – der kleine Liebling oder die genervten Eltern, die das Chaos nicht mehr aushalten.

Je mehr Ihr Kind hat, desto mehr wird dieser Besitz zum Thema. Die Kinder der heutigen

Wohlstandsgesellschaft sind an Unmengen von Dingen gewöhnt, die sie bei sich in Kisten, Kästen und Schränken aufbewahren. Weitere Informationen dazu finden Sie ab Seite 103, wo es speziell um das Verhältnis von Kindern zum Thema »Aufräumen« geht.

Verwurzelung schaffen

Im Kinderzimmer spielt das Thema »Verwurzelung« eine besonders wichtige Rolle. Ihr Kind kommt in dieser Welt an und hat möglicherweise Schwierigkeiten, sich an dieses neue, zunächst recht unspirituelle Dasein zu gewöhnen. Wer findet es schon komisch, sich nur durch lautes Schreien bemerkbar machen zu können und auf die Intelligenz der Erwachsenen angewiesen zu sein, in der Hoffnung, sie werden schon darauf kommen, warum man brüllt. Je schneller sich Ihr Kind in diesem neuen Leben zurechtfindet, desto leichter fällt Ihnen und ihm die Umstellung. Helfen Sie Ihrem Kleinkind dabei mit einem einfachen Rosenquarz, der es sanft ans Hier und Jetzt bindet, ohne die feinen Fäden in die Anderswelt zu kappen. Legen Sie den Stein in die Nähe seines Bettchens; denn ebenso wie in Ihrem Schlafzimmer geschieht im Kinderzimmer des Nachts energetisch mehr als tagsüber.

Im Zimmer Ihres Kindes brauchen Sie ein möglichst gut ausgewogenes Verhältnis der Elemente zueinander. Sobald sich Ihr Kind weiterentwickelt, können Sie für Ausgleich sorgen und gezielt bestimmte Elemente stärker hervorheben.

Ist Ihr Kind besonders aufbrausend und wird es leicht wütend, mildern Sie die Energien mit den Elementen Wasser oder Erde ab. Wenn es dagegen mehr Feuer gebrauchen kann, dann verwenden Sie im Kinderzimmer viel Rot. Folgen Sie Ihrer Eingebung, und verwenden Sie unterstützende Elementekräfte eher sparsam.

Das karge Kinderzimmer

Ein sparsam eingerichtetes Kinderzimmer kann es Ihrem Kind erschweren, sich in seinem neuen Dasein gemütlich einzurichten und sich dort ganz und gar einzufinden. Jeder Gegenstand bindet Energie und verankert Ihr Kind im neuen Leben. Die Gegenstände an sich sorgen dafür, dass es erlebt, wie die Welt funktioniert. Wenn Sie Ihrem Kind einen He-Man in die Hand geben, der Bösewichte mit einem Fingerschnippen ins Jenseits befördert, entwickelt es eine andere Weltsicht, als wenn es mit Bauklötzen spielt. Überlegen Sie also, welche Gegenstände Ihrem Weltbild entsprechen, das Sie an Ihr Kind weitergeben wollen.

Zu wenige Gegenstände im Spielbereich Ihres Kindes können dazu führen, dass es sich ausgeschlossen fühlt – zumal in der modernen Welt, in der das Nachbarskind alles hat, was das Herz begehrt. Spielzeug und Unordnung sind also für die nächsten Jahre Ihr Thema, wenn Sie Ihr Kind nicht völlig anders behandeln wollen, als Freunde und Nachbarskinder leben. Gelegentlicher Konsumentzug, etwa in den Ferien, kann jedoch nicht schaden, vor allem, um den Einfallsreichtum Ihres Kindes zu fördern (lassen Sie aber auf keinen Fall das geliebte Kuscheltier zu Hause, wenn Sie Ihrem Jüngsten nicht das Herz brechen wollen).

Zu viele Dinge

Gibt es im Kinderzimmer jedoch zu viel Krempel, dann lassen Sie zu viel Bindung zu. Dadurch könnte Ihr Kind Schwierigkeiten bekommen, ohne Gegenstände, die als Vermittler wirken, mit der Welt verbunden zu sein. Nur allzu leicht verschwindet dann das Sein unter dem Haben.

Das Badezimmer

Ihr Bad ist ein Raum, in dem Sie besonders gut für eine starke Verbindung zu Ihren Ahnen und dadurch für eine Verwurzelung Ihres Lebens in der Vergangenheit sorgen können. Dieser Raum ist – egal wo er liegt – so stark mit der Kraft des Wassers verbunden, dass Sie sich diese Kraft zunutze machen sollten. Falls Sie in Ihrer Wohnung noch keinen Platz gefunden haben, wo Sie Ihre Ahnen aufbewahren, dann wählen Sie einfach das Bad. Damit Ihre kostbaren Fotos oder andere Erinnerungsstücke nicht unter der Feuchtigkeit leiden, verlegen Sie Bilder unter Glas, oder lassen Sie sie laminieren.
Wenn es Farben gibt, die Sie besonders stark an Ihre Kindheit erinnern, verwenden Sie sie im Badezimmer. Sie brauchen nicht alle Wände in dieser Farbe zu streichen, Handtücher, Seife oder ein Poster erfüllen denselben Zweck.

Ordnung im Bad

Wenn Sie an diesem Platz zu wenig Verwurzelung zulassen, verschenken Sie wertvolle Wasserkräfte, die Sie in Ihrem Alltag gut gebrauchen können. Deshalb sollten Sie in Ihrem Badezimmer, Ihrem persönlichen Wasserkraftwerk, mindestens einmal am Tag ganz bewusst Verbindung mit diesem Element aufnehmen.
Halten Sie Ordnung im Bad. Weder ausgedrückte Zahnpastatuben haben dort etwas zu suchen noch schmutzige Kleidungsstücke oder unzählige Make-up-Döschen, von denen Sie in den letzten sechs Monaten höchstens zehn Prozent verwendet haben. Werfen Sie die restlichen 90 Prozent ruhig weg. Zu viele Gegenstände im Bad binden die Energie des Wassers im Raum und bringen Sie schließlich vollständig zum Stillstand. Wenn Sie also im Gegenteil mehr davon zur Verfügung haben wollen, sollten Sie kräftig ausmisten und nur ausgewählte Wasseranker gezielt einsetzen.

Die Garage

Hier bewahrt sich so schön auf, was man nicht im Hause haben will: alte rostige Nägel etwa (oder hamstern Sie die lieber im Keller beim unbrauchbaren Werkzeug?) oder ein

Fahrradschlauch, den Sie schon vor Monaten reparieren wollten. Auch wenn Sie sich bisher nicht die Zeit genommen haben, sich dem durchlöcherten Schlauch zu widmen, kostet er Sie trotzdem Zeit. Denn jedes Mal, wenn Ihr Blick darauf fällt, verbrauchen Sie nicht nur Gedankenenergie.

Sie vergeuden auch Ihre Phantasie, indem Sie sich ausmalen, was Sie damit ursprünglich vorhatten. Handelt es sich dabei um schöpferische Vorhaben, kann das Spaß machen. Handelt es sich allerdings um Sachen, die repariert oder unterhalten werden sollen, dann binden Sie hier unnötig Ihre Erfindungsgabe. Denken Sie immer daran, dass die Energie – nicht nur die magische – sich immer dahin bewegt, wohin Sie Ihre Aufmerksamkeit lenken.

Bewegung in die richtige Richtung

Falls Ihr Auto leer ist, dann belassen Sie es getrost dabei. Sind Sie sich jedoch nicht sicher, ob Ihr Auto ordentlich ist oder nicht, dann sehen Sie mal im Handschuhfach nach. Tummeln sich dort ausgetrocknete Kugelschreiber? Oder Zettel, die da nichts zu suchen haben? Oder Bonbonpapier? Gleichgültig, ob Ihre Lieben oder Sie selbst dafür gesorgt haben, dass Sie demnächst mal wieder mit dem Staubsauger durchs Auto gehen, jetzt ist es Ihre Verantwortung, wie es weitergeht.

Denken Sie daran, dass Ihr Auto reine Bewegung bedeutet. Das heißt, Sie können dort keinen Müll – der dem Element Erde zuzuordnen ist – gebrauchen. Stärken Sie dagegen besonders die Kräfte der Luft in Ihrem Auto. Und wenn Sie dazu einen der unsäglichen Dufttannenbäume oder Ähnliches in Ihr Auto hängen, ist das besser als gar nichts. Besser ist es allerdings, Sie schnüren sich ein Reisesäckchen, das Sie im Handschuhfach immer dabeihaben. Verwenden Sie als Inhalt Kräuter, Steine und andere Dinge, die entweder traditionell mit dem Element Luft verbunden sind oder die Sie persönlich damit verbinden (welche Kräuter, Steine und so weiter zu welchen Elementen gehören, erfahren Sie im Anhang ab Seite 135). Dieser kleine Kräuterbeutel enthält alles, was Ihnen bei Fahrten mit dem Auto wichtig ist, und verankert Ihre persönliche Energie im Auto.

Wenn Sie einen Kräuterbeutel (der auch andere Dinge enthalten darf) zusammenstellen wollen, machen Sie das am besten innerhalb eines magischen Kreises. Sie schließen diesen wie gewohnt und geben dann nacheinander die Zutaten hinein. Dabei visualisieren Sie, was Sie sich an Unterstützung von Ihrem Kräuterbeutel wünschen. Wenn Sie mit dem Aufladen fertig sind, öffnen Sie den Kreis wieder. Sie können übrigens einen solchen Kräuterbeutel auch für andere Lebensbereiche verwenden.

Der Dachboden

Sollte Ihr Haus einen Dachboden besitzen, haben sich dort sicherlich eine Menge Dinge angesammelt, die Sie selten oder nie verwenden. Dazu gehören vermutlich nützliche Gegenstände wie Tannenbaumständer, Osterschmuck oder Ihre Skiausrüstung. Diese Teile brauchen Sie immer wieder, das heißt, sie ruhen nur zeitweise hier oben, bis Sie sie aus ihrem Dornröschenschlaf holen.

Schauen Sie sich – am besten mit einem guten Gläschen Wein oder Traubensaft in der Hand – an, was Sie sonst noch an Schätzen dort oben lagern. Die Gegenstände verraten Ihnen eine Menge darüber, was Ihnen im Kopf herumgeht bzw. von oben drückt, schützt oder anbindet. Sollten Sie hier beispielsweise alles lagern, was mit Ihrer Kindheit zu tun hat, kann das ein Hinweis darauf sein, dass Sie sich stärker abnabeln könnten, um in Ihrem Leben selbstständig voranzukommen. Wenn Sie hier eine Ausrüstung lagern, die eines Bergsteigers vom Range Reinhold Messmers würdig wäre, haben Sie möglicherweise eine übertriebene Vorstellung von Ihrem Drang zum Abenteuer. Oder Sie wünschen sich mehr Abenteuer in Ihrem Leben. Möglicherweise hatten Sie schon eine Menge davon und wünschen sich jetzt etwas Ruhe etc. Sie allein wissen, was in Ihrem Kopf und unter dem Dach tatsächlich vor sich geht.

Verbindung zur Himmelsenergie

Ähnlich wie Ihr Kopf für Ihren Körper ist der Dachboden die Verbindung Ihrer Räume zur Himmelsenergie. Wenn Sie hier zu viele Dinge stapeln, müllen Sie Ihren Draht nach oben völlig zu und mindern damit Ihre Fähigkeit, Ihren inneren Eingebungen zu folgen. Ist das Gegenteil der Fall und Sie finden auf Ihrem Boden nur gähnende Leere vor, heißt das im Umkehrschluss aber noch lange nicht, dass Sie bereits erleuchtet sind. Wenn Sie hier überhaupt kein Stück Ihres Lebens stattfinden lassen, schläft Ihre Verbindung nach oben möglicherweise, oder sie hat erst gar nicht begonnen. Sie haben dann diesen Draht nach oben gedeckelt und gar nicht erst mit Leben erfüllt.

Zu viele Dinge

Falls Sie auf dem Boden alles aufbewahren – vom ersten Schnuller Ihrer Kinder bis zum ausgetretenen Paar Turnschuhe Ihrer Großmutter –, bestellen Sie am besten gleich einen Müllcontainer, denn Sie haben so einiges auszumisten. Machen Sie eine Wertbestimmung auf die Art, die Sie schon kennen. Das Verfahren ist in diesem Falle besonders nützlich, weil Sie damit gut herausfinden können, welche Gegenstände auf dem Boden falsch untergebracht sind und beispielsweise eher in Ihre Ahnenecke, in den Garten oder an einen anderen Ort gehören. Beim Rest sind Sie am besten unnachgiebig. Schwelgen Sie ruhig in schönen Erinnerungen, aber heben Sie nicht jedes Stück auf. Wenn Sie sich davon trennen, verschwinden Ihre Erinnerungen deshalb noch lange nicht. Achten Sie unbedingt darauf, dass nicht überall etwas steht, sondern dass genügend Platz frei bleibt, damit die Energie des Hauses hier oben kreisen kann.

Wenn die Nachbarn sammeln

Wenn Sie in einem Mehrfamilienhaus wohnen, teilen Sie sich die Bodenräume womöglich mit anderen Mietern. Auf diese Menschen haben Sie keinen Einfluss, und Sie können deren Sachen weder aufräumen noch etwas hinzufügen oder wegwerfen. Schauen Sie sich deshalb an, wie die Räume insgesamt auf Sie wirken. Lassen Sie sich dabei nicht von etwas Staub oder wenig Licht ablenken. Schließen Sie kurz die Augen, und spüren Sie der Energie dieser Räume nach. Notieren Sie Ihre Eindrücke, ohne sie zu bewerten. Sie können Ihnen als Anhaltspunkte dienen, wie Sie die Energie der Nachbarn auf sanfte Art mit der Ihren ins Gleichgewicht bringen können.

Vermutlich hamstern Ihre Nachbarn ebenso gerne wie die meisten Ihrer Mitmenschen. Und wahrscheinlich scheren sie sich nicht darum, welche Auswirkungen dieses Verhalten auf den Energiehaushalt Ihrer gemeinsamen Wohnumgebung hat. Leider können Sie Ihren Mitbewohnern schlecht auseinander setzen, wie Sie sich auf dem Dachboden zu verhalten haben, ebenso wenig, wie Sie deren Bodentüren aufbrechen können, um einen energetischen Ausgleich zu schaffen. Belassen Sie es deshalb bei den kleinen Dingen.

Verstärken Sie die Luftenergie

Sollten Sie bei Ihrer energetischen Bestandsaufnahme feststellen, dass dort zu viel Schweres, das heißt zu viel Krempel, vorhanden ist, erleichtern sie ihn einfach: Verteilen Sie an unauffälligen Orten kleine Federn, damit die Luftenergie des Elementekreises die Erdenschwere in Bewegung bringt. Am besten bringen Sie die Federn möglichst hoch oben an, zum Beispiel an einem Dachbalken. Stecken Sie sie in Ritzen, so dass sie vorstehen und ein möglichst großer Teil der Feder in der Luft hängt. Wenn Sie alle Federn verteilt haben, richten Sie kurz Ihre Aufmerksamkeit auf die Federn und summen leise eine passende Melodie. Visualisieren Sie dabei, wie sich die Kräfte der Elemente ausgleichen, sich frei durch alle Bodenräume bewegen und sich mit Leichtigkeit mit denen aus den unteren Räumen verbinden. Sollten Sie den Eindruck haben, dass noch nicht genügend Leichtigkeit entstanden ist, verteilen Sie einfach noch mehr Federn, bis Sie das Gefühl haben, dass alles stimmt. Laden Sie Ihre Federn regelmäßig mit dieser Luftenergie auf, und tauschen Sie sie gelegentlich aus, falls Sie zu sehr verstauben oder gar verkleben.

Zu wenige Dinge

Falls auf Ihrem Dachboden außer ein paar Spinnweben nichts zu finden ist, haben Sie nur energetische Arbeit vor sich. Schauen Sie sich um, und stellen Sie sich ungefähr in die Mitte des Raumes. Schließen Sie kurz die Augen, und spüren Sie nach, wie die Energie des Hauses, in dem Sie wohnen, hier oben fließt. Wenn Sie mit dem Ergebnis zufrieden sind, lassen Sie alles so, wie es ist. Wenn Sie etwas verändern wollen, nutzen Sie die Elemente entsprechend Ihrer Eigenschaften, und schaffen Sie hier oben eine Ergänzung zu dem, was sich weiter unten im Haus abspielt. Sie können zum Beispiel ein Pentagramm auf dem Dachboden entwerfen. Richten Sie es nach einer der Himmelsrichtungen aus. Oder legen Sie es von der Eingangstür aus. In beiden Fällen erhalten Sie keine exakte Ausrichtung auf die Himmelsrichtungen, weil das Pentagramm fünf Spitzen hat. Die Grundlinie des Fünfzacks wird von zwei Spitzen gebildet, welche die Grundenergie symbolisieren, die Sie in das Pentagramm hineinschicken. Genau gegenüber befindet sich eine Spitze, die davon wegweist. Die beiden anderen Spitzen unterstreichen bzw. verstärken diese Kräfte. Falls Sie Ihr Pentagramm beispielsweise von der Tür aus legen, können Sie dort mit den beiden bewegten Elementen Luft (von Ihnen aus gesehen rechts) und Feuer (links von Ihnen) beginnen. Die Spitze wäre dann Spirit, von links unterstützt Wasser, von rechts unterstützt Erde. Sie können Ihr Pentagramm auch so drehen, dass eine der Spitzen genau in die entsprechende Himmelsrichtung weist. Damit stärken Sie dieses Element besonders.

Das Pentagramm ist mit seinen fünf Spitzen ein magische Zeichen und symbolisiert Ganzheit. Hier ein Beispiel für ein Pentagramm von der Tür aus gelegt.

Markieren Sie Ihr Pentagramm mit Dingen, die zum Dachboden passen: Holz für die Erde, eine Postkarte mit einem Wassermotiv für den Westen, das Bild einer Kerze für das Feuer im Süden und eine Feder für den Osten. Für die Spitze Spirit (Sie können hier den Spirit zusätzlich in die Mitte Ihres Pentagramms verankern) wählen Sie am besten einen Gegenstand, zu dem Sie eine ganz persönliche Verbindung haben, etwas, das alle vier Elemente einschließt. Machen Sie ein kurzes und einfaches Ritual, um Ihr Pentagramm mit Energie zu füllen. Visualisieren Sie dabei, wie sich die Kräfte im Haus über viele lichte Fäden mit denen der Anderswelt nach oben verbinden.

Der Keller

Mit Ihren Kellerräumen verhält es sich ähnlich wie mit Ihrem Dachboden: Die dort schlummernden Energien sorgen für eine gute Verbindung – oder für Stolpergefahr. Dort unten geht es um Ihre Standfestigkeit im Element Erde und um die Frage, ob Sie wirklich in Ihrem Wohnraum verankert und geerdet sind. Das bedeutet nicht, dass Sie im Keller ungebremst hamstern sollen in der Zuversicht, der Krempel verankere Sie erdig. Zwar verankert er Sie, doch wenn es im Keller von wahllos gesammeltem Zeug wimmelt, festigen Sie nicht nur Ihre Energien unten im Haus, sondern Sie legen sie auch an die Kette. Zu viel dieser Art von Verwurzelung führt zu völligem Stillstand.

Die Verbindung zwischen allen Elementen stärken

Die unterschiedlichen Voraussetzungen, die sich daraus ergeben, ob Sie einen eigenen Keller unter Ihrem Haus haben, einen Kellerraum in einem Mehrfamilienhaus nutzen oder andere Personen die Kellerräume nutzen, etwa weil sich Ihr Aufbewahrungsplatz auf dem Dachboden befindet, entscheiden darüber, wie stark Sie die Energie dort beeinflussen können. Selbst wenn in Ihrem eigenen Kellerverschlag Leere herrscht, kann es im Keller Ihres Hauses dennoch zu einer Ansammlung von Krempel kommen. Im umgekehrten Fall findet unter Ihren Füßen trotz eines gut gefüllten Kellers jedoch möglicherweise keine Verankerung statt, beispielsweise dann, wenn sich dort eine Tiefgarage befindet. In dieser ist ständig Bewegung, die sich mit einer deutlichen Verankerung Ihrer Umgebung schlecht vereinbaren lässt (betrachten Sie unter diesem Aspekt auch das Bürogebäude, in dem Sie sich täglich für längere Zeit aufhalten).

Wie auf Ihrem Dachboden brauchen Sie im Keller nicht nur auf die Stärkung eines einzigen Elements zu achten – auch wenn es beim Erden in erster Linie um das nördliche Element geht. Stärken Sie am besten die Verbindung zwischen allen Elementen durch ein Pentagramm. Falls Sie eine Tiefgarage oder einen ähnlichen öffentlichen Raum unter sich haben, können Sie dort möglicherweise keine Gegenstände aufbewahren, die für diese Elemente stehen. In diesem Fall nehmen Sie

einfach farbige Kreide und zeichnen an unauffälligen Stellen Symbole für die Elemente auf einen Betonsockel, an eine Wand oder an eine andere Stelle, an der sich niemand gestört fühlt. Das Gleiche können Sie in einem Keller machen, den Sie nicht alleine nutzen. Hier haben Sie die Wahl: Entweder Sie führen einen Elementeausgleich nur in Ihrem eigenen Raum durch, oder Sie beziehen auch die anderen Räume mit ein. Falls Sie Räume mit einbeziehen wollen, die von anderen Menschen genützt werden, achten Sie darauf, dass Sie Ihre energetische Arbeit ganz allgemein halten, ähnlich wie auf dem gemeinsam genutzten Dachboden. In solch einem Fall sollten zum Beispiel keine persönlichen Symbole oder Gegenstände das Pentagramm bezeichnen. Wählen Sie eher Gegenstände, die ganz allgemein für die Elemente Luft, Feuer, Wasser, Erde und Spirit stehen: eine Feder, das Bild eines Feuers (echte Flammen sind zu gefährlich), ein Bild von Wasser, ein Stein; oder legen Sie kleine Halbedelsteine aus, die zum jeweiligen Element passen.
Sie können auch gängige Symbole verwenden, die traditionell für die Elemente stehen. Die folgenden sind einfach zu zeichnen und sind erprobt:
Erde: Kreis mit einem gleicharmigen Kreuz;
Luft: Kreis mit einem Punkt in der Mitte;
Feuer: Kreis mit einem Dreieck, breite Seite nach unten;
Wasser: Kreis mit einem Strich durch die Mitte.
Diese Symbole können Sie nicht nur für Ihre Kellerräume oder den Boden verwenden. Sie können Ihnen auch bei Ritualen aller Art sehr hilfreich sein. Am besten verwenden Sie die Zeichnungen aber erst, wenn Sie nicht mehr nachzusehen brauchen, welches der Bilder zu welchem der Elemente gehört und wie es genau gezeichnet wird. Sonst verschwenden Sie unnötig Energie mit Überlegungen, wie der Kreis aussieht und ob er einen Punkt oder einen Strich enthält. Dabei sollten Sie Ihre Aufmerksamkeit doch auf Ihr eigentliches Ziel richten: ein gelungenes Ritual, einen geschützten Keller oder auch den reibungslosen Energiefluss in Ihren vier Wänden.

Zu viele Dinge

Wenn Sie im Keller wahllos hamstern, legen Sie sich selbst energetische Steine in den Weg. Deshalb sollten Sie dort nur solche Dinge aufbewahren, die Sie verankern und die Sie in regelmäßigen Abständen wirklich gebrauchen. Alles andere werden Sie am besten los. Achten Sie jedoch darauf, dass Sie nicht sinn- und wahllos Dinge weggeben, nur um sie loszuwerden. Wenn Sie sich nicht ganz sicher sind, schlafen Sie lieber eine Nacht darüber, bevor Sie sich von einem Gegenstand trennen, der Ihnen wirklich am Herzen liegt. Wenn die Gegenstände nicht mehr zu gebrauchen sind, entscheiden Sie, ob Sie sich die Zeit nehmen wollen, diese selbst zu reparieren, oder ob Sie das lieber jemand anderem überlassen. Recyceln Sie so viele Dinge wie möglich. Sie sorgen so für energetische Bewegung, die freundliche Energien zu Ihnen zurückfließen lässt.

Zu wenige Dinge

Wenn Ihr Keller vollkommen leer ist, legen Sie dort am besten ein Pentagramm aus, so wie es beim Abschnitt über die Bodenräume beschrieben ist. Verwenden Sie auch hier Gegenstände allgemeiner und unpersönlicher Natur, falls Sie den Keller mit anderen teilen. Wenn Sie nur mit Ihrem eigenen Raum arbeiten wollen, können Sie auch persönlichere Dinge wählen. Halten Sie Ihre Auswahl aber in jedem Fall möglichst einfach, so dass Sie keine zusätzliche Arbeit haben.

Flur, Abstellkammer und sonstige Räume

Für Flure gelten andere Regeln als für alle anderen Räume. Denn sie dienen dem Energiefluss und einem praktischen, ungehinderten Durchgang. Wenn Sie an diesem Ort also zu viel Krempel aufbewahren – und sei es nur Ihr Recyclingmüll, den Sie tagelang nicht beseitigen –, stellen Sie sich zu viele nutzlose Hindernisse in den Weg. Besonders Müll sollten Sie nie herumstehen lassen. Machen Sie sich lieber einen Knoten in Ihr Taschentuch, als den Müllsack in den Flur zu stellen.

Ihr Flur hat auch die Aufgabe, Sie durch die Wohnung zu geleiten, Sie am Eingang in der Energie Ihrer Wohnung zu empfangen und für die Verbindung zwischen den Energiezonen zu sorgen. Deshalb steht dieser Raum vor allem mit dem fünften Element in Verbindung. Stärken Sie diesen Bereich, den Spirit, mit möglichst persönlichen Gegenständen. Falls Ihr Flur eng oder kurz ist und nur wenig Platz bietet, dann bringen Sie Spirit einfach an die Wand. Streichen Sie sie in einer Farbe an, die Sie mit diesem Element verbinden, oder malen Sie ein entsprechendes Bild an die Wand. Das kann ein Picasso im Großformat sein, oder Sie zeichnen oder malen eine Miniatur, beispielsweise über einen der Lichtschalter. Oder Sie heften einfach eine Postkarte mit einer entsprechenden Darstellung an die Innenseite Ihrer Eingangstür. Letzteres hat den Vorteil, dass Sie sich jedes Mal, wenn Sie die Wohnung verlassen, mit der Kraft des Spirit verbinden können, und gleichzeitig Ihre Wohnung im Gleichgewicht gehalten wird. Besonders geeignet ist das Bild eines Regenbogens – oder nur seine Farben. Falls Ihr Flur lichtdurchflutet ist, können Sie einfach einen Kristall aufhängen, in dem sich das Sonnenlicht bricht.

Für Abstellkammern gilt Ähnliches wie für Dachböden und Keller. Wenn Sie zu viel aufbewahren, wird daraus ein energetischer Klotz am Bein, den Sie schleunigst loswerden sollten. Ist es dort dagegen zu leer, dann nutzen Sie diesen Platz, um für einen energetischen Ausgleich mit Ihrem restlichen Zuhause zu sorgen.

6

Leben und Arbeiten allein und mit anderen

Beim Zusammenleben mit anderen wird es erst richtig spannend. Ob Sie es mit den lieben Kollegen oder Ihren Kindern zu tun haben – in der Ruhe liegt die Kraft.

Wer nur den eigenen Kram wegzuräumen hat, ist deswegen nicht weniger anfällig fürs Hamstern oder für die Askese. Der Vorteil ist lediglich, dass man mit niemandem darüber zu diskutieren braucht. Diesen Vorteil sollten Sie unbedingt nutzen: Gestalten Sie Ihr Zuhause nach Ihren ganz persönlichen Vorstellungen, gleichgültig, ob es danach aussieht wie auf dem Titelbild einer Wohnzeitschrift oder nicht.

Allein leben

Nehmen Sie sich für Ihre Vorhaben die Zeit, die Sie brauchen – völlig gleichgültig, ob Ihre Eltern, Freunde oder andere Menschen alles viel schneller, schöner oder besser könnten. Es geht um Ihr Leben; folglich zählt nur das, was für Sie stimmig ist.

So wunderbar es auch sein kann, alles selbst entscheiden zu können und auf keinen anderen Menschen Rücksicht zu nehmen (zumindest in den eigenen vier Wänden), so langweilig kann es sein. Der Nachteil des Alleinlebens ist, dass niemand Sie herausfordert. Wenn Sie sich Dinge angewöhnen, die Ihnen nicht gut tun, gibt es keinen, der abends nach Hause kommt und die Stirn runzelt. Sie mögen das zwar entspannend finden, es bedeutet aber auch, dass nur Sie selbst sich in den Hintern treten können.

Falls Sie damit Schwierigkeiten haben sollten, finden Sie hier einige Möglichkeiten, wie Sie liebe alte Gewohnheiten aufgeben und durch neue ersetzen können, ohne dass Sie dazu einen Mitbewohner brauchen, der Sie daran erinnert.

Holen Sie sich Unterstützung

Klingt einfach, kann aber eine echte Herausforderung sein: Sie brauchen jemanden, der nicht nur höflich »Ja« oder »Nein« sagt, sondern der kein Blatt vor den Mund nimmt – einen echten Freund also. Besprechen Sie mit dieser Person genau, was Sie sich vorgenommen haben, und erklären Sie Ihrem

Gegenüber, welche Rolle es spielen soll. Wenn es mit dem Erklären nicht so recht klappt, dann zeigen Sie Ihrem Helfer einfach die betreffenden Stellen in Ihrem Haus oder Ihrer Wohnung. Der Mensch sollte Ihnen also sehr vertraut sein, denn Sie dürfen sich dabei nicht komisch vorkommen, wenn er Ihre unaufgeräumten oder gähnend leeren Zimmer betrachtet.

Zeigen Sie Ihrem Helfer genau, worum es Ihnen geht, und legen Sie fest, welche alten Gewohnheiten Sie durch neue ersetzen wollen. Danach überlegen Sie sich, welche Unterstützung Sie sich wünschen. Achten Sie dabei unbedingt darauf, nicht einfach Ihre Wünsche mitzuteilen, ohne auf den anderen einzugehen – Sie brauchen jemanden, der auch willig ist. Sprechen Sie also darüber, was in Ihrem Alltag, aber auch in dem Ihres Helfers wirklich machbar ist. Was ein Mensch als normal empfindet – zum Beispiel zweimal täglich zu telefonieren –, kann für den anderen eine Zumutung bedeuten. Einigen Sie sich, und dann bleiben Sie dabei. Vereinbaren Sie auf jeden Fall eine zeitliche Begrenzung. Verlängern können Sie im beiderseitigen Einverständnis immer noch.

Leben zu zweit

Vielfach werden Konflikte in einer Beziehung auf der Ebene des Aufräumens ausgetragen, die im Grunde andere Ursachen haben. Dabei hält sich das Klischee von schlampigen Männern und pingeligen Frauen wacker, auch wenn es nicht der Wirklichkeit entspricht. Das Aufräumen ist immer ein beliebtes Thema für einen heftigen Streit. Doch eigentlich geht es bei solchen Auseinandersetzungen gewöhnlich gar nicht darum, wer wieder einmal wo was nicht aufgeräumt, geputzt oder in Ordnung gebracht hat. Hinter diesen vermeintlich wichtigen Alltäglichkeiten verbergen sich andere Schwierigkeiten, beispielsweise solche, die die Machtverhältnisse in einer Beziehung betreffen. Achten Sie darauf, sich zu entschuldigen und Entschuldigungen anzunehmen. Wer glaubt, sich zu entschuldigen, sei überflüssig, neigt dazu, anderen die Schuld aufzuladen, anstatt sich um die Balken im eigenen Auge zu kümmern.

Das eigene Gebiet markieren

Jemand, der ständig seine Sachen gleichmäßig über die gemeinsame Wohnung verteilt, ist mit einem Hund vergleichbar, der erst einmal in jede Ecke pinkelt, um das eigene Gebiet abzustecken. Dieses Verhalten ist bei Teenagern verständlich; sind Sie jedoch über zwanzig, steht Ihnen diese Entschuldigung nicht mehr zur Verfügung. Spätestens dann liegt es an Ihnen, wie Sie mit Ihrem Gegenüber umgehen. Und wie Sie sich innere Räume schaffen, ohne wahllos in den Raum der anderen einzugreifen. Wer glaubt, in einer Beziehung die Macht zu haben, lässt herumliegen. Wer untertänig dient, räumt weg. Lassen Sie mal den ganzen wortgewandten Überbau weg, und sehen Sie sich die einfachen Tatsachen an.

Feierabend für beide

Sie kommen nach Hause und finden Chaos vor. Was ist Ihr erster Gedanke? Betrachten Sie es sofort als Ihre Aufgabe, wie ein Weltmeister aufzuräumen? Dann fragen Sie sich einmal, was Ihre bessere Hälfte in der Zwischenzeit macht. Nach einem Arbeitstag – egal, wo er stattfand und ob Sie »nur« zu Hause arbeiten oder in einem Bürohaus außer Haus – steht Ihnen BEIDEN ein Feierabend zu. Der Vorteil eines gemeinsamen Lebens ist, dass Sie abends nur noch EINE HÄLFTE aller anfallenden Arbeiten zu machen haben. Singles haben es schlechter; sie machen alles alleine. Wenn Sie also in einer Beziehung leben, geht es nicht an, dass nur einer allein für die Ordnung zuständig ist.

Wer isst, kann auch die Küche putzen

Lassen Sie sich von Ihrem Partner nicht platt reden: dass es nun mal unterschiedliche Bedürfnisse gebe, dass es deshalb völlig in Ordnung sei, wenn ausgezogene Klamotten wahllos verteilt liegen blieben und nie im Wäschekorb oder der Waschmaschine landeten usw. Derselbe Mensch, der so überlegen daherredet, zieht sicherlich auch nicht gerne schmutzige und zerknitterte Kleidung an. Und welches Heinzelmännchen hat sich wohl bereit erklärt, den Säuberungsjob zu übernehmen? Sie können dieses Beispiel beliebig erweitern. Allgemein gilt: Wer isst, kann auch die Küche putzen; wer duscht, kann das Bad säubern; wer im Haus herumläuft, sollte schleunigst lernen, wo der Staubsauger steht; und wer etwas aus einem Schrank holt, sollte auch wissen, wie eine Waschmaschine funktioniert. Geld zu verdienen alleine ist noch kein besonderes Verdienst, der Sklavendienste des Partners oder der Partnerin rechtfertigen würde. Auch wenn nur einer in der Familie das Geld nach Hause bringt, hat er damit noch lange nicht das Recht, sich um nichts mehr zu kümmern und alles auf den anderen abzuwälzen.

Die Wahrheit über Ihre Partnerschaft

Bevor Sie also mit dem Räumen und Verwurzeln in Ihren gemeinsamen vier Wänden beginnen, räumen Sie als Erstes in Ihrer Beziehung auf. Dazu brauchen Sie vor allem Ehrlichkeit. Wenn Sie dabei unangenehme Wahrheiten über Ihre Partnerschaft erfahren, können Sie Ihre Erkenntnisse immer noch absichtlich vernachlässigen. Handelt es sich um Kleinigkeiten, so sind das die ganz normalen Kompromisse, die in jeder Beziehung geschlossen werden.

Größere Unterschiede zwischen Ihren Bedürfnissen und denen Ihres Partners können Sie ebenfalls außen vor lassen. Damit entscheiden Sie sich dafür, ganz nach den Vorstellungen eines anderen Menschen zu handeln. Sie leben dann weiter wie bisher, auch wenn Sie gelegentlich genervt sein mögen, und vermeiden dadurch Auseinandersetzungen und – im schlimmsten Fall – die Gefahr einer möglichen Trennung. Der Preis ist eine mehr oder weniger große Portion Selbstverleugnung. Ob Sie damit leben wollen oder können, entscheiden Sie allein. Nur Sie selbst wissen, wie wichtig es Ihnen ist, Ihre Bedürfnisse auszuleben.

Übung: Gartenpfad zu zweit

In einem partnerschaftlichen Leben kommt es nicht nur auf praktische Verhandlungen an, sondern auch auf den spirituellen Gleichklang zwischen beiden. Liebevoller Respekt für die Bedürfnisse des anderen sollte dabei selbstverständlich sein.

Um herauszubekommen, welche echten Bedürfnisse Sie haben, beginnen Sie mit einer Übung, die nicht gleich riesige Probleme aufwirft, sondern erst einmal nur Unterschiede deutlich werden lässt.
Machen Sie diese Übung beide, aber nicht zusammen. Sprechen Sie über Ihre Erfahrung erst, nachdem jeder von Ihnen die Übung durchgeführt hat.
Suchen Sie sich einen bequemen Ort, um sich niederzulassen und Ihre Beobachtungen zu notieren. Legen Sie gegebenenfalls entspannende Musik auf, wenn Sie dadurch leichter von den alltäglichen Gedanken Abstand nehmen.
Setzen Sie sich hin, und entspannen Sie sich. Atmen Sie ruhig, und schließen Sie die Augen. Stellen Sie sich ein Gartentor vor: Sie gehen einen Pfad entlang, an dessen Ende eine Gartenpforte auf Sie wartet. Sobald Sie bei der Pforte ankommen, öffnet sie sich vor Ihnen, und Sie treten in Ihren Garten ein. Schauen Sie sich um, und gehen Sie herum. Nehmen Sie so viele Einzelheiten auf, wie Sie möchten, und verweilen Sie, solange Sie Lust haben.
Wenn Sie sich genügend umgesehen haben, kommen Sie auf dem gleichen Weg durch die Pforte wieder zurück. Sobald sich die Tür hinter Ihnen geschlossen hat, kehren Sie völlig in Ihren Körper zurück. Bewegen Sie Ihre Hände und Zehen, und öffnen Sie die Augen.
Schreiben Sie auf, was Sie gesehen haben.
Im zweiten Teil der Übung geht es nicht um Ihren persönlichen, sondern um Ihren gemeinsamen Garten. Um dorthin zu gelangen, verfahren Sie ebenso wie bei Ihrem ersten Ausflug. In diesem Fall durchqueren Sie aber Ihren eigenen Garten und gehen zu einer weiteren Pforte, die Sie mit einer Klinke öffnen.
Hinter dieser Gartentür liegt der Garten Ihrer Gemeinsamkeit. Sehen Sie sich um, und betrachten Sie Landschaft, Pflanzen und alles, was Ihnen dort begegnet. Egal, ob Ihnen gefällt, was Sie sehen oder nicht, bewerten Sie Ihre Eindrücke vorerst nicht. Schauen Sie sich nur um. Sie sind nur in einer beobachtenden Rolle dort.
Wenn Sie sich ausreichend umgesehen haben, kommen Sie zurück und schreiben wiederum Ihre Eindrücke auf.

Die Machtverhältnisse in Ihrer Partnerschaft

Wie Sie weiter verfahren, hängt davon ab, ob Ihr Partner die Übung ebenfalls gemacht hat und ob Sie darüber miteinander sprechen wollen. Wenn jemand erst mal über das Gesehene alleine nachdenken will oder über die Erfahrung gar nicht sprechen möchte, ist das auch völlig in Ordnung. Sollten Sie aber über Ihre Erlebnisse reden, bemühen Sie sich, bei Ihren eigenen Erfahrungen zu bleiben und nur zu beschreiben, was Sie selbst wahrgenommen und empfunden haben. Bedenken Sie, dass Ihre Sichtweise einzig Ihre eigene Sicht der Dinge ist.

Wenn Sie mit Ihrer Gartenübung fertig sind, wissen Sie mehr über die Art Ihrer Beziehung. Um nicht nur die Grundlage zu betrachten, sondern auch die Machtstrukturen innerhalb Ihrer Partnerschaft zu bewerten, reichen einfache, unmagische Fragen aus. Überlegen Sie, wer bei Ihnen welche Entscheidungen trifft und wie diese entstehen. Die Antworten sind wesentlich im Hinblick auf das Aufräumen und Verwurzeln.

Stellen Sie sich vor, Sie alleine träfen alle Entscheidungen, und Ihr Partner wäre ganz davon abhängig, wie Sie die Wohnung gestalten wollen. Es gäbe dann nur Ihren Ahnenplatz; Einrichtung, Farben und sonstige Dinge entsprächen ausschließlich Ihren Bedürfnissen. Umgekehrt, wenn nur der andere das Sagen hätte, wäre das Gleichgewicht genauso gestört. Überlegen Sie also genau, welche Verteilung Sie sich beide wünschen.

»Du machst das schon«

Nur in einem Fall können Sie innerhalb der Partnerschaft ganz allein entscheiden, was Sie möchten: falls der oder die Liebste so etwas sagt wie »Schatz, du machst das schon« und keinerlei Interesse an den Tag legt. Dann legen Sie los und schaffen IHRE Unordnung oder Ihren Ahnenplatz. Achten Sie allerdings darauf, dass Sie nicht in die Falle tappen und vorausahnen wollen, was der Partner möglicherweise wollen könnte. Fangen Sie damit gar nicht erst an. Alles, was den anderen betrifft und Sie stört, können Sie entweder in Kisten packen, in einen Schrank räumen oder sonstwie entfernen. Ihr Gegenüber ist (hoffentlich) erwachsen genug sich zu melden, wenn ihm etwas nicht gefällt. Dann können Sie aushandeln, was anders aussehen soll.

Lassen Sie sich auf keinen Fall dazu verleiten, das Chaos Ihrer besseren Hälfte zu beseitigen. Wenn die Unordnung überhand nimmt und ihr Gegenüber darauf besteht, sich weiterhin wie ein Hund in jeder Ecke zu verewigen, verbannen Sie den Krempel einfach in einen Schrank oder in ein Zimmer – und machen Sie einfach die Tür zu. Hängen Sie ein Pentagramm davor (zum Beispiel einen der zahlreichen fünfzackigen Sterne, die es zur Weihnachtszeit zu kaufen gibt), und beauftragen Sie dieses damit, die Energie aus diesem Raum abzuschirmen.

Achten Sie aber darauf, den Rest der Bleibe nur von der Energie abzuschirmen und nicht von der Person.

Mit vielen Menschen leben

Ob Sie in einer Großfamilie oder in einer WG wohnen – wer mit mehreren anderen Menschen zusammenlebt, braucht viel Toleranz und eine liebevolle Einstellung. Und eine Portion Gewohnheit, damit es nicht jeden Tag zu Streitereien kommt. Auch für eine größere Gruppe gelten Regeln für das Zusammenleben, ähnlich wie für eine Beziehung. Hier stellt sich ebenso die wichtige Frage, wer die Hosen anhat. Falls Sie das bestimmende Element im Haus sind, sollten Sie sich mit den anderen austauschen und herausbekommen, welche Bedürfnisse Ihre Mitbewohner haben. Loten Sie aus, wie viel Verantwortung die anderen übernehmen wollen. Und seien Sie sich alle darüber im Klaren, dass sich jeder zwangsläufig dazu bereit erklärt hat, mit dem zu leben, was andere in die Wege leiten, der nicht selbst entscheidet.

Gestalten Sie möglichst viele Räume gemeinsam. Richten Sie sie so ein, dass möglichst alle etwas von ihnen haben. Handeln Sie aus, wie Sie leidige Aufgaben wie Abwaschen, Aufräumen, Putzen etc. organisieren wollen. Achten Sie dabei darauf, dass Sie eine Situation schaffen, von der alle etwas haben. Nur dann halten sich alle an die getroffenen Verabredungen. Bieten Sie etwas an, und geben Sie nach, wenn Sie dafür etwas bekommen, was Ihnen wirklich wichtig ist. Falls die Vereinbarungen allerdings nicht eingehalten werden, sollten Sie überlegen, ob Sie nicht lieber alleine wohnen wollen oder in einer anderen Gruppe besser aufgehoben wären.

Wenn einer nicht mitmacht

Ähnlich wie beim Zusammenleben in einer Beziehung besteht auch im Zusammenleben mit mehreren Menschen die Möglichkeit, dass jemand nicht für Ihre Ideen zu erwärmen ist. Sollte sich dadurch ein Bereich Ihres Hauses oder Ihrer Wohnung wie ein energetisches schwarzes Loch anfühlen, können Sie dieses durch ein Pentagramm ausgrenzen oder abschwächen, das Sie über der Tür anbringen. Stellen Sie das Pentagramm selbst her (zum Beispiel aus Draht), oder bearbeiten Sie es zumindest, bevor Sie es aufhängen. Je mehr von Ihnen darin steckt, desto größer ist seine Wirksamkeit. Achten Sie allerdings darauf, dass Sie das Pentagramm auf keinen Fall gegen den Menschen richten, der in diesem Raum wohnt, sondern lediglich die Energie, die von dort ausgeht, ausgleichen. Behalten Sie im Hinterkopf, dass der andere einfach nur anders ist als Sie und nicht besser oder schlechter.

Kinderkrempel

Wer mit Kindern zusammenlebt, braucht eine andere Einstellung zum familiären Alltag. Kinder und Erwachsene stellen die Ordnung oder Unordnung her, bei der sie sich wohl fühlen. Dass es hierbei die verschiedenartigsten Vorstellungen gibt, ist ganz selbstverständlich, besonders zwischen Erwachsenen und Kindern.

Wenn Sie Ihrem Kind klarmachen, wie Sie sich Ihre vier Wände wünschen, bringt das gar nichts. Ihr Kind kennt Ihre Vorstellungen von Ordnung – von der Erwachsenenordnung – schon längst. Wenn Sie immer wieder gebetsmühlenartig das Gleiche von sich geben, erzeugen Sie zwar einen gewissen Druck, aber zum gewünschten Ergebnis führt das noch lange nicht. Denken Sie darüber nach, was Sie eigentlich wollen. Vermutlich möchten Sie, dass Ihr Kind einen eigenen Sinn für Ordnung entwickelt. Und dass es lernt, die Grenzen anderer Menschen nicht einfach zu überschreiten, sondern behutsam und verantwortlich gemeinsame Grenzen auszuhandeln.

Selbst wenn Sie eine engelsgleiche Geduld haben, empfinden Sie den Krempel Ihrer geliebten Kleinen dennoch als Grenzüberschreitung – SIE fühlen sich dadurch unbehaglich. Wenn es Ihnen wichtig ist, diese Grenze zu verteidigen (auch das ist eine wichtige Lernerfahrung für Ihr Kind), können Sie das durchaus tun. Die Macht, die Sie in diesem Fall zur Durchsetzung Ihrer Ordnung ausüben, erfolgt ohne Demütigung und Herabsetzung der Kinder. Ihre Kids müssen nicht zugeben, dass Sie Recht haben; denn Sie bestehen auf Ihrer Ordnung nicht deshalb, weil sie wertvoller wäre als die Ihres Kindes. Ihr Sprössling erlebt Sie dann als Mensch in Bedrängnis, der die eigene Grenze verteidigt. Da Kinder das selbst auch täglich tun, geht es hier nicht um irgendein undeutliches Ordnungsprinzip, das es zu verstehen gilt, sondern um eine sehr einfache gefühlsmäßige Handlung (die im Übrigen nicht nur für Kinder viel leichter zu verstehen ist).

Geben Sie den Kampf ums Aufräumen auf

Wenn diese Lösung nicht Ihr Fall ist, können Sie auch einen anderen Weg wählen: Stellen Sie selbst die Ordnung her, die Ihnen wichtig ist – ohne sich dadurch herabgesetzt und ausgenutzt zu fühlen. Sie wissen, dass Ihr Kind seine Art von Ordnung nicht aus böser Absicht, Nachlässigkeit oder Gemeinheit vor Ihnen ausbreitet. Es geht vielmehr einen selbstverantwortlichen, eigenen Weg – auch in Fragen der Ordnung. Überlegen Sie, ob Sie diesem Weg mit liebevollem Respekt und ohne Ärger begegnen können. Sie kümmern sich dann um die eigenen Bedürfnisse, indem Sie dafür sorgen, dass Ihre Ordnung entweder nicht gestört wird (indem Sie die Kinder an bestimmte Sachen nicht mehr heranlassen), oder indem Sie die Kleinen spielen lassen und anschließend selbst in Ihrem Sinne aufräumen.

Welchen Sinn sollte es haben, dass Sie den Krieg ums Aufräumen gewinnen – außer, dass Sie Recht behalten. Sie würden das Chaos Ihrer Lieben schnell vermissen, wenn Sie den Rest Ihres Lebens ohne sie verbringen müssten. Möglicherweise ist also das Hinter-den-Kindern-Herräumen eine gute Gelegenheit, sich den Reichtum dieses Geschenks vor Augen zu führen. Wenn Sie den Krieg um die Ordnung aufgeben und ihn ebenso betrachten wie andere Handlungen, die Sie für Ihre Kinder durchführen, werden Sie merken, wie sich Ihre Einstellung zum Ordnungsverhalten Ihrer Kids verändert. Sie räumen dann auf, wie Sie Windeln wechseln, Essen kochen, Wäsche waschen, Hausaufgaben nachsehen oder die Kleinen zum Sport- und Klavierunterricht kutschieren. Mit beiläufiger Freundlichkeit, ohne Anstoß zu nehmen und ohne sich selbst dabei zu überfordern.

Unordnung fördert den Einfallsreichtum Ihrer Kinder

Obendrein fördert Unordnung den Einfallsreichtum Ihrer Kinder, den Sie sich bestimmt wünschen. Sie entdecken die Welt, indem sie sich in ihr austoben, ihre Spielsachen nach ihren eigenen Ideen verwenden und Räume nach eigenen Vorstellungen gestalten. Wenn Sie von ihnen das Gleiche erwarten wie von einem Erwachsenen, fehlen den Kindern wichtige Schritte bei der Entwicklung ihrer Persönlichkeit.

Zum anderen finden Kinder ihre Unordnung gemütlich und fühlen sich darin wohl. Sie können nicht verstehen, warum Erwachsene an dem Durcheinander etwas auszusetzen haben. Wenn Sie also Ihrem Kind seine Unordnung nehmen, rauben Sie ihm gleichzeitig ein Stück seiner Verwurzelung. Je weiter Ihr Kind in seiner Entwicklung vorankommt, desto eher wird es von alleine aufzuräumen beginnen, weil es (hoffentlich) die Verankerung im Außen nicht mehr so stark benötigt. Bedenken Sie: Viele hortende Hamster hatten Eltern, die sehr auf Ordnung geachtet haben und bei denen die Kinder durch die Ansprüche der Erwachsenen nie gelernt haben, innere Sicherheitsanker zu entwickeln.

Sobald die Kinder dem Laufstall entwachsen sind, müssen Sie Ihre Ordnungsansprüche zwangsläufig ein ganzes Stück zurückschrauben. Allerdings können Sie einen Wunsch schon durchsetzen: dass zumindest einmal in der Woche alles ordentlich genug ist, damit der Staubsauger für Sauberkeit sorgen kann. So eine Absprache leuchtet nach geduldiger Erklärung auch Ihren Kindern ein.

Den Arbeitsplatz mit anderen teilen

Wer mit anderen Menschen einen Arbeitsplatz teilt, teilt damit auch Energien. Ist jemand beispielsweise sehr genau, ist es für ihn schwierig, neben einem chaotischen Hamster zu arbeiten und umgekehrt. Mit anderen den Arbeitsraum zu teilen kann noch anstrengender sein, als sich innerhalb der Familie zusammenzuraufen. Denn Ihre Familie haben Sie sich ausgesucht, die Arbeitskollegen sind Glückssache.

Sofern Sie gleichberechtigt ein Büro teilen, hängt es vom Verhandlungsgeschick der Einzelnen ab, wie Sie sich einigen. Anders sieht es aus, wenn Sie in vorgegebenen, sehr beschränkten oder streng hierarchisch geordneten Situationen arbeiten. Dann stellt sich oft gar nicht die Frage, wie und womit Sie sich am wohlsten fühlen und wie Sie gerne arbeiten möchten. Kluge Personalchefs haben längst erkannt, dass zufriedene Mitarbeiter besser arbeiten als solche, die sich unwohl oder unter Druck fühlen. Bleibt also zu hoffen, dass Sie nicht mit Dinosauriern arbeiten. Falls doch, schaffen Sie sich Ausweichmöglichkeiten in den Bereichen, die Sie beeinflussen können.

Chaosbeseitigung am Arbeitsplatz

Zunächst einmal sollten Sie sich darüber klar werden, wie wichtig es Ihnen ist, Ihre Wünsche berücksichtigt zu sehen oder sie durchzusetzen. Überlegen Sie genau, was Sie gewinnen, wenn Sie Macht demonstrieren oder ihr nachgeben. Verfallen Sie nicht der Selbsttäuschung zu glauben, dass der Klügere nachgibt, und ruhen Sie sich nicht darauf aus, dass Sie sich zwar nicht durchsetzen, dafür aber der bessere Mensch sind. Vielleicht kennen Sie den Spruch: Wenn die Klügeren immer nachgeben, regieren bald die Dummen die Welt. Auch beim Nachgeben kommt es darauf an, das richtige Maß zu finden. Nichts von dem, was Sie tun, ist ohne Gewinn für Sie – sonst würden Sie es lassen. Das gilt auch für alle anderen. Zeigen Sie ihnen, was sie zu gewinnen haben, wenn sie sich auf Ihre Vorschläge einlassen. Falls Sie also die Büromöbel umstellen wollen, weisen Sie darauf hin, welche günstigen Möglichkeiten sich daraus für Ihre Mitarbeiter und Kollegen ergeben. Vergessen Sie dabei jedoch nicht, auch offen über Ihre Wünsche zu sprechen, um den Eindruck zu vermeiden, Sie seien nur auf das Wohl der anderen bedacht. Denn das glaubt Ihnen sowieso niemand. Falls eine Verhandlung oder ein ergebnisbestimmtes Gespräch nicht möglich ist, können Sie zu magischen Mitteln greifen. Dabei ist es ganz wichtig, dass Sie nicht nur einen Zauber loslassen, um das zu bekommen, was Sie sich vorgenommen haben – denn damit würden Sie in der schwarzen Magie landen. Wenn Sie etwas magisch in die Wege leiten wollen, brauchen Sie das ausdrückliche Einverständnis ihres Gegenübers, oder Sie stellen Ihrem Gegenüber frei, ob es sich Ihrem Wunsch öffnet oder verschließt. Durch die folgende Zauberei können Sie ohne langwierige Gespräche die Energie zwischen sich und den Arbeitskollegen verändern, ohne dass Sie diese gegen ihren Willen beeinflussen.

Übung: Brief ans höhere Selbst

Auch wenn Sie nicht zu den emsigen Zeitgenossen gehören, die lange Briefe schreiben, dieser lohnt sich allemal. Ihr höheres Selbst und das von anderen Menschen können Ihnen ungeahnte Erfolge bescheren.

Wenn Sie mit Kollegen, Vorgesetzten oder anderen Mitarbeitern arge Schwierigkeiten haben, weil diese nie aufräumen und Sie im Chaos ersticken oder weil diese so pingelig sind, dass Sie Angst haben, überhaupt Luft zu holen, dann wählen Sie doch mal eine ungewöhnliche, aber wirkungsvolle Lösung: Schreiben Sie einen Brief an das höhere Selbst Ihres Gegenübers.

Sie brauchen dafür Schreibutensilien und Ihren ruhigen Ort, an dem Sie solche Bewusstseinsreisen durchführen können. Machen Sie es sich dort bequem, und entspannen Sie sich. Schließen Sie die Augen, und atmen Sie ruhig. Nehmen Sie Ihr Papier und Schreibwerkzeug zur Hand, und öffnen Sie die Augen nicht ganz, sondern nur so weit, dass Sie Ihr Papier gut im Blick haben. Beginnen Sie nun aufzuschreiben, was Sie dem höheren Selbst Ihres Gegenübers mitteilen möchten. Seien Sie dabei ehrlich, denn was auf dem Papier steht, ist nur der äußere Ausdruck dessen, was Sie im Innern fühlen. Es hat also keinen Sinn, etwas verbergen zu wollen. Andererseits brauchen Sie sich keine Sorgen zu machen, wenn Ihnen ein Ausdruck nicht gefällt. Solange Ihre Einstellung klar ist, tragen die Worte auf dem Papier diese wahre Sprache mit sich.

Wenn Sie mit dem Schreiben fertig sind, legen Sie Ihren Stift weg und falten das Papier einmal so, dass Sie die Schrift nicht mehr sehen können. Legen Sie Ihre Hände darauf, und schließen Sie wieder die Augen. Lassen Sie Ihren Wunsch noch kurz nachklingen, und kehren Sie in Ihr alltägliches Bewusstsein zurück.

Sie können nun diesen Brief einfach nur einem der Elemente übergeben, indem Sie ihn an einen Baum hängen, vergraben, in ein fließendes Gewässer werfen oder verbrennen. Oder Sie führen anschließend noch ein Wunschritual durch, bei dem Sie sich in der Mitte Ihres Kreises visualisieren, wie wohlwollend alle miteinander umgehen und wie erfolgreich und froh Sie mit Ihren Kollegen zusammenarbeiten. Vergessen Sie nicht, bei diesem Ritual wie auch sonst den Satz anzuhängen, es möge allen nützen.

Da Ihr Brief den Boden für das allgemeine Wohlbefinden bereitet hat, ohne jemanden zu seinem Glück zu zwingen, kann es sein, dass andere sich nicht für Ihre Vorstellungen erwärmen können oder wollen. Grübeln Sie nicht über die Ursachen nach, sondern geben Sie sich Mühe vorzuleben, was Sie sich erhoffen. Ob ein anderer eine günstige Gelegenheit zur erfolgreichen Zusammenarbeit nutzt oder nicht, liegt nicht bei Ihnen.

Wechselnde Arbeitsplätze

Falls Sie zu den Menschen gehören, die keinen eigenen Arbeitsplatz mehr haben, sondern jeden Tag den Ort wechseln (»Hotseating« genannt), dann tragen Sie womöglich Ihren Arbeitsplatz im Köfferchen oder in einem Rollcontainer mit sich herum. Falls dies der Fall sein sollte, dann haben Sie möglicherweise erhebliche Schwierigkeiten, sich in Ihrer Arbeit zu verwurzeln – oder Ihrem Betrieb gegenüber tiefer gehende Loyalitätsgefühle aufzubringen. Dies ist das traurige Ergebnis von Entwurzelung an Ihrem Arbeitsplatz, an dem Sie immerhin Dutzende Stunden pro Woche verbringen.

Entwurzelung entgegenwirken

Wirken Sie dem entgegen, indem Sie jedes Mal einige persönliche Gegenstände mitnehmen, die Sie schnell aufstellen können und die Ihnen dabei helfen, jeden Raum zu Ihrem zu machen. Dafür eignen sich vor allem Bilder (zum Beispiel ein Familienfoto), Gerüche (eine Duftmischung, die Sie beispielsweise auf einen Wattebausch geben oder in einem Wassergefäß verdunsten lassen), Farben (wenn Sie immer den gleichen großen roten Schal über ein Regal legen, egal wo Sie gerade arbeiten) oder Klänge. Falls Sie alleine im Raum sind, können Sie sich tragbare Musik mitnehmen oder diese über Ihre Computerlautsprecher laufen lassen. Wenn Ihre Arbeitsplätze das alles nicht zulassen, dann tragen Sie zumindest einen entsprechenden Kräuterbeutel bei sich.

Die Elementedose

Den folgenden Tipp können Sie besonders gut für einen wechselnden Arbeitsplatz verwenden. Wenn Sie immer am gleichen Ort arbeiten, können Sie ihn leicht so umwandeln, dass Sie ihn auch dort durchführen können. Sie könnten dann beispielsweise einige der Gegenstände ständig an einem geeigneten Ort aufbewahren.
Besorgen Sie sich eine kleine Pillendose oder ein Behältnis ähnlicher Größe. Wichtig ist, dass es einen gut schließenden Deckel hat. Dazu besorgen Sie sich winzige Gegenstände, die für die Elemente stehen: eine kleine Feder, ein Steinchen, ein Stückchen Salbei und eine Muschel. Testen Sie, dass sie auch alle zusammen in Ihre Dose passen, bevor Sie Ihre Gegenstände in einem kleinen Ritual für Ihre Zwecke aufladen. Visualisieren Sie im Ritual, wie sich die Dinge zu einem dichten Energienetz verbinden, das Sie jederzeit wie einen unsichtbaren Mantel ausbreiten, um sich darin einzuhüllen. Wenn Sie nun unterwegs sind oder einfach nur an Ihrem neuen Arbeitsplatz ankommen, dann nehmen Sie die Dose in die Hand, schließen für einen kurzen Moment die Augen und richten Ihre Aufmerksamkeit auf Ihre Dose. Visualisieren Sie dabei, wie sich die Kraft der Elemente von dort aus ausbreitet und den gesamten Raum einschließt. Wenn Sie so weit sind, legen Sie die Dose in Sichtweite auf Ihren Arbeitsplatz. Vergessen Sie am Ende des Tages aber nicht, Ihren Elementebehälter wieder einzustecken. An einem festen Arbeitsplatz können Sie die Elementedose für Notfälle in einer Schublade aufbewahren und beispielsweise mitnehmen, wenn Sie zu einer Konferenz oder anderen Besprechung, einer Fortbildungsmaßnahme oder anderen aushäusigen Tätigkeiten aufbrechen.

7

Aufräumen und Verwurzeln mit System

Inzwischen haben Sie eine Menge über Ihren Umgang mit Krempel erfahren. Holen Sie tief Luft, und rücken Sie Ihrem Krimskrams in den Wochen von einem zum anderen Vollmond auf den Leib.

Bevor Sie als Nächstes Ihre Umgebung so zu gestalten beginnen, dass Sie sich energetisch am besten unterstützt fühlen, haben Sie sich selbst, Ihre Umgebung, Wohnung und Ihren Arbeitsplatz unter die Lupe genommen. Mittlerweile haben Sie eine gute Vorstellung davon, ob Sie eher zu den sammelwütigen Zeitgenossen gehören oder lieber mit leichtem Gepäck reisen. Und Sie wissen, was Sie bereits erledigt haben, welche Bereiche Sie noch nicht zufrieden stellen und was Sie gerne verändern möchten.

Langsam die Gewohnheiten ändern

Sie können das folgende Programm vom Anfang bis zum Ende durchführen; oder Sie greifen sich einzelne Tage oder auch Übungen heraus. Ganz, wie es Ihnen am besten passt. Im Allgemeinen werden Sie, wenn Sie nicht alles auf einmal wuppen, mit Ihrer Verankerung, Erdung und dem Aufräumen größeren und länger anhaltenden Erfolg haben. Ähnlich wie bei einer Crashdiät, bei der Sie schnell viel abnehmen, nur um anschließend genauso viel wie vorher, wenn nicht sogar mehr zu wiegen. Auch ausgeräumte Regale füllen sich ganz schnell wieder mit den falschen Sachen, wenn Sie nicht von Grund auf etwas verändert haben. Denn grundsätzliche Änderungen in Ihrem Verhalten benötigen Zeit – der Mensch ist nun mal ein Gewohnheitstier.

Wenn Sie sich beispielsweise die nächsten vier Wochen Zeit nehmen, um Ihre Angewohnheiten langsam anders zu gestalten, haben Sie hervorragende Aussichten, dass Sie im Anschluss daran auch wirklich dabei bleiben. Sie können sich für jeden Tag das heraussuchen, was Sie gerne machen möchten. Führen Sie aber auf jeden Fall die Minimalübung durch; sie verhindert, dass Sie in alte Verhaltensmuster zurückfallen. Nur wenn Sie beharrlich alte Gewohnheiten durch neue ersetzen, verändern Sie tatsächlich etwas auf Dauer.

Nehmen Sie sich Zeit für den Anfang

Beginnen Sie mit Ihrem vierwöchigen Programm am besten an einem Wochenende. So haben Sie vermutlich mehr Zeit, sich auf neue Dinge einzustellen. Auch wenn Sie eine lebhafte Familie um sich haben, ist an Wochenenden eher Gelegenheit für Neues. Falls Sie nicht am Wochenende anfangen können, dann beginnen Sie an einem Tag, an dem Sie sich ausreichend Zeit nehmen können. Das ist wichtig; stellen Sie sich an diesem ersten Tag soweit irgend möglich bewusst auf Ihr Ziel ein. Kommen Sie dann an den darauf folgenden Tagen einmal nicht dazu, bleibt der energetische rote Faden trotzdem erhalten, dessen Anfang Sie am ersten Tag aufgenommen haben.

Außerdem können Sie auf diese Weise gut herausbekommen, ob es Ihnen mit Ihrem Vorhaben wirklich ernst ist. Falls Sie eine Ausrede nach der anderen finden – warum es an diesem Wochenende mal wieder nicht geht, warum an anderen Tagen nicht eine einzige Minute drin war usw. –, dann wissen Sie, dass Sie noch nicht so weit sind. Wenn Sie sich für Ihr Vorhaben nicht einmal einen Tag Zeit nehmen können, wird es Ihnen vorerst nicht gelingen, das Thema »Verwurzelung« und »Aufräumen« ernsthaft in Angriff zu nehmen. Sollten Sie Zweifel haben, ob Sie die nötige Zeit erübrigen können, prüfen Sie mal nach, wie lange Sie beispielsweise täglich vor dem Fernsehapparat sitzen. Von diesen Stunden können Sie locker die eine oder andere abzweigen, um sich mit dem Thema »Verwurzelung und Aufräumen« zu beschäftigen. Falls Sie nicht vor dem TV herumsitzen, fällt Ihnen bestimmt etwas anderes ein, womit Sie Zeit vertrödeln – Zeit, die Sie für Ihr Wohlbefinden nutzen könnten. Beginnen Sie mit Ihren vier Wochen erst dann, wenn Sie es wirklich ernst meinen. Sonst stellen Sie sich ständig selbst ein Bein und verfeinern höchstens Ihre Fähigkeit, neue Ausreden zu erfinden. Verschwenden Sie Ihre Zeit nicht damit, etwas anzufangen, das Sie nicht wirklich durchführen wollen.

Die Dauer bestimmen Sie

Verstehen Sie die Dauer von vier Wochen für Ihr Programm bitte lediglich als Anregung. Sie können auch mehr oder weniger Zeit mit dem Aufräumen und Verwurzeln verbringen. Fangen Sie jedoch nicht an, ohne sich eine zeitliche Begrenzung gesetzt zu haben. Wenn Sie sich nur eine Woche Zeit nehmen wollen, schaffen Sie womöglich nicht alles, haben aber einen guten Anfang gemacht. Ist Ihnen das zu viel, so reicht auch eine halbe Stunde täglich. Denken Sie daran: Alles, was Sie schaffen, ist ein Erfolg – ganz gleichgültig, ob Sie einen ganzen Müllcontainer entsorgen oder nur eine Einkaufstüte voll Kram weggeben. Setzen Sie sich nicht unter Druck, sondern handeln Sie nur dann, wenn Sie Spaß bei der Sache haben. Denken Sie jedoch nur voller Unlust an ordentlich aufgeräumte Küchenregale, dann verschieben Sie Ihr Vorhaben lieber noch ein wenig.

Fangen Sie bei Vollmond an

Für den Beginn Ihrer Aufräumwochen eignet sich der Vollmond besonders gut. Sie haben dann zwei Wochen lang die Kraft des abnehmenden Mondes als Unterstützung für Ihren abnehmenden Krempel. Da Sie zunächst Kisten packen und Dinge wegwerfen, unterstützt Sie diese Kraft in Ihrem Einfallsreichtum sowie bei der Planung der Wegwerf-Wochen und beim Vorgang an sich. Wenn es dann darum geht, sich in den aufgeräumten Räumlichkeiten zu verwurzeln, unterstützt Sie dabei der zunehmende Mond, der Ihnen ab Neumond mit seiner Kraft für Ihre Verwurzelung zur Verfügung steht. Ihren Erfolg feiern Sie dann zu Vollmond.

Sollten Sie Ihren Wochenrhythmus noch einmal wiederholen wollen – weil Sie zum Beispiel nicht alles weggeräumt haben, was Sie sich vorgenommen hatten –, dann starten Sie erneut ab dem nächsten Vollmond. So können Sie sich während der Woche vor dem Vollmond einfach entspannen und das genießen, was Sie schon geschafft haben.

Die erste Woche

Beginnen Sie den ersten Tag Ihrer Aufräumung und Verwurzelung mit Nichtstun. Falls Sie nun überlegen, wie Sie so Ihr Leben in den Griff bekommen, Ihre Wohnung aufräumen, Ihren tieferen Sinn für Verwurzelung entwickeln und den Rest Ihres Lebens in Ordnung bringen sollen, holen Sie erst mal tief Luft. Die Herausforderung, der Sie sich in den nächsten Wochen stellen, haben Sie bereits eine ganze Weile, möglicherweise sogar ein ganzes Leben lang mit sich herumgetragen. Es besteht folglich überhaupt kein Anlass, alles sofort und an einem einzigen Tag erledigen zu wollen.

Gönnen Sie sich die Zeit, die Sie brauchen – damit Ihnen das Ganze auch wirklich Spaß macht und Sie etwas davon haben. Wenn Sie Ihr Vorhaben nur als schwierige Pflicht empfinden und Ihnen lediglich Ihr schlechtes Gewissen vorhält, Sie hätten schon längst etwas tun sollen, dann lassen Sie es lieber sein. Sie begännen sonst mit einer derart kräftezehrenden Einstellung, dass Sie die vier Wochen kaum durchhalten würden. Sorgen Sie an diesem ersten Tag Ihrer vier Wochen dafür, dass Sie sich auf ein Abenteuer einlassen. Spielen Sie mit den Möglichkeiten – und kümmern Sie sich als Erstes um Ihr schlechtes Gewissen.

Das schlechte Gewissen lässt grüßen

Wer erinnert sich nicht an die Dame aus der Lenor-Reklame, die sich plötzlich verdoppelt und den Zuschauern (vor allem den weiblichen) einredet, deren Bemühungen um die Wäsche reichten nicht aus. Daneben stehen Ehemann, Kinder oder sonstige Personen, die Anspruch darauf erheben, richtig versorgt zu werden (als wenn Ihre Lieben nicht selbst in der Lage wären, den richtigen Knopf an der Waschmaschine zu finden).

Dieses schlechte Gewissen tragen die meisten von uns mit sich herum. Wir glauben, dass wir etwas anders – sprich: besser – machen sollten. »Anders« bedeutet beim schlechten Gewissen immer, dass wir etwas nicht richtig machen, dass unsere Bemühungen nicht ausreichen – ganz egal, wie viel Mühe wir uns geben. Woher dieser preußische Hang zum Perfektionismus auch kommen mag: Bei unseren Bemühungen, beispielsweise beim Aufräumen, ist er uns nur im Weg.

Sicher haben Sie als Kind von Ihren Eltern gehört, Sie sollten Ihre Spielsachen aufräumen, auch wenn Ihnen das nicht einleuchtend erschien, da Sie sie wenig später zum Spielen wieder hervorholten. Nun erklären Sie – das (erwachsene) schlechte Gewissen Ihres Kindes – Ihren Kindern, warum sie die Sachen trotzdem aufräumen sollen, was diese ebenso wenig verstehen wie Sie früher.

Was sich bei Ihnen festgesetzt hat, ist die Überzeugung, dass Aufräumen grundsätzlich gut ist. Dabei beurteilt jeder Mensch anders, was annehmbar und was unzumutbar ist, und es bleibt dem persönlichen Empfinden des Einzelnen überlassen, was er als ordentlich oder unordentlich betrachtet. Zu welchem Typ Sie gehören, haben Sie bereits herausgefunden. Nun gilt es das umzusetzen, was Sie über sich erfahren haben, und Ihr schlechtes Gewissen auf den Mond zu schießen. Spätestens jetzt, als erwachsener Mensch, ist es Zeit, selbst zu entscheiden, wie es in Ihrer Umgebung aussehen soll – und das mit möglichen Mitbewohnern auszuhandeln.

Befreien Sie sich von Ihrem schlechten Gewissen

Um Ihrem schlechten Gewissen zu Leibe zu rücken, können Sie entweder eine Reihe von Visualisierungen, ein Ritual oder mehrere kleine tägliche Übungen durchführen. Oder Sie entscheiden sich dafür, die verschiedenen Elemente miteinander zu verbinden – ganz wie es Ihnen gefällt.

Für Ihre Visualisierung wählen Sie am besten eine Tageszeit, zu der Sie nicht erschöpft und abgekämpft sind, damit Sie genügend Aufmerksamkeit aufbringen und Ihre Gedanken nicht so leicht abschweifen. Besonders gut eignet sich dafür der Morgen des ersten Tages Ihres Programms, da dieser wahrscheinlich an einem Wochenende liegt. Sollte Ihnen das Visualisieren Schwierigkeiten bereiten, üben Sie im Vorhinein so lange, bis es Ihnen leicht von der Hand geht. Für Rituale gilt das Gleiche. Wenn Sie nicht wirklich die Zeit dafür erübrigen, dann schieben Sie ein geplantes Ritual lieber auf. Sie sind sonst nicht bei der Sache und verschwenden nur Energie und Zeit.

Besonders bei einem Thema wie Ihrem schlechten Gewissen sollten Sie sich selbst keine zu hohen Erwartungen auferlegen. Sie schleppen Ihre nagenden Zweifel vermutlich schon einige Jährchen mit sich herum, und sie könnten hartnäckiger sein, als Ihnen lieb ist. Doch wenn Sie dabeibleiben und sich nicht beirren lassen, kommen Sie früher oder später mit Sicherheit an Ihr Ziel. Wie oben bereits erwähnt, lassen Sie sich Zeit.

Übung: Das Gewissen umpolen

Damit Ihre innere Stimme Sie unterstützt, anstatt Sie zu kritisieren, wiederholen Sie die folgende Visualisierung einfach so oft wie nötig.

Visualisieren Sie eine Gelegenheit, bei der Sie ganz für sich gesorgt haben und keinerlei schlechtes Gewissen hatten. Erinnern Sie sich daran, wie freundlich und aufgeschlossen sich Ihre Umgebung verhalten hat und wie Sie in Ihrem Vorhaben von allen unterstützt wurden. Wählen Sie dieses Ereignis danach aus, wie Sie sich gefühlt haben. Es spielt keine Rolle, wie lange es zurückliegt oder wie alt Sie dabei waren.

Sollte Ihnen keine solche Gelegenheit einfallen, dann verändern Sie einfach ein Ereignis in Ihrer Erinnerung derart, dass Sie sich so fühlen können. Denken Sie daran, dass es sich bei Ihren Erinnerungen nur um eine Art Fingerabdruck handelt, der mit dem wirklichen Geschehen nichts zu tun hat. Andere Menschen hätten an dieselbe Situation andere Erinnerungen. Es ist nicht wichtig, was sich tatsächlich abgespielt hat, sondern wie Sie Ihre Gefühle in dieser Situation erleben.

Stellen Sie sich die Situation so genau wie möglich vor. Spüren Sie die Energie, die Sie in diesem Augenblick hatten, in der Situation, in der alles genauso war, wie Sie es sich wünschten. Halten Sie dieses Bild für einen Moment fest in Ihrer Vorstellung.

Gehen Sie nun in die Situation, wie Sie im Augenblick ist, und überlegen Sie: welche Frage Sie im Moment haben, was Sie gerade bewegt, was Ihnen Schwierigkeiten bereitet oder welchen bestimmten Wunsch Sie derzeit haben, von dem Sie nicht genau wissen, wie Sie ihn verwirklichen können.

Nehmen Sie Ihre Verwirrung, Ihre Fragen und alles, was Ihnen in der jetzigen Lage am Herzen liegt, mit in Ihre erste Visualisierung. Betrachten Sie nun Ihre augenblickliche Fragestellung von dem Platz aus, an dem es Ihnen rundherum gut geht und alles nach Ihren Wünschen verläuft. Stellen Sie noch einmal die Fragen, die Sie sich stellen wollten, und Sie werden diesmal eine Antwort bekommen. Halten Sie Ihre Fragen dabei so kurz wie möglich, und achten Sie darauf, was genau sich anschließend in Ihrem Gefühlsleben tut. Grübeln Sie nicht lange, sonst klappt es nicht.

Es können bei dieser Methode Antworten auftauchen, mit denen Sie nicht gerechnet haben und die Sie vielleicht auch gar nicht hören wollen. Bleiben Sie trotzdem bei Ihrem ersten Eindruck, denn dieser ist derjenige, der Ihrer inneren Wahrheit am nächsten kommt.

Rituale für Ihre Wünsche

Wenn Sie Ihre Visualisierung zu Ihrer Zufriedenheit durchgeführt haben, können Sie ein Ritual anschließen, mit dem Sie das verstärken, was Sie sich für Ihre Lebensumstände wünschen. Wenn Sie beispielsweise mehr

Verbindung zu Ihrer Familie möchten, um hier Ihre Wurzeln zu stärken, dann wählen Sie ein Ritual, mit dem Sie etwas herbeizaubern können. Wenn Sie eher etwas loswerden wollen, bauen Sie Ihr Ritual anders auf. Im Folgenden finden Sie jeweils ein Ritual zum Herbeiwünschen (in diesem Falle etwas, was Leere füllt) und eines, um Dinge oder auch Angewohnheiten loszuwerden.

Übung: Ritual zum Herbeiwünschen

Dieses Ritual können Sie für jede Art von Wünschen verwenden. Passen Sie einfach Ihre Zutaten der entsprechenden Gelegenheit an.

Am besten führen Sie Ihr anziehendes Ritual bei zunehmendem Mond durch, damit er Sie energetisch unterstützen kann. Lassen Sie sich aber von niemandem einreden, dass Ihr Ritual NUR zu einer ganz bestimmten Zeit und ausschließlich mit den – angeblich – richtigen Zutaten klappt. Rituale sind sehr viel beweglicher einzusetzen, als es diese starren Regeln besagen.

Viel wichtiger als der genaue Planetenstand und die richtige Uhrzeit ist Ihre Betroffenheit. Wenn Sie nur halbherzig bei der Sache sind, können Sie Planeten, Uhrzeiten und teure Zutaten vergessen. Stellen Sie also als Erstes fest, was Sie sich genau wünschen wollen und wie wichtig es Ihnen ist.

Wählen Sie nun einen oder mehrere Gegenstände aus, die für Sie die Kräfte oder Ereignisse widerspiegeln, die Sie in Ihr Leben bringen wollen. Diese legen Sie in die Mitte Ihres magischen Kreises, bevor Sie diesen wie üblich schließen.

Nehmen Sie nun die Gegenstände in der Mitte zur Hand, und visualisieren Sie das, was Sie sich wünschen. Schicken Sie dabei Ihre ganze Wunschkraft in die gewählten Gegenstände. Danach spüren Sie der Energie ruhig noch ein Weilchen nach. Öffnen Sie dann wie gewohnt Ihren Kreis.

Die auf diese Weise magisch behandelten Dinge können Sie nun zu dem von Ihnen vorher festgelegten Zweck verwenden. Wenn es zum Beispiel geerbte Schmuckstücke sind, die Sie mit Ihren Familienwurzeln verbinden sollen, tragen Sie sie am besten täglich oder legen sie zumindest während der Nacht unter Ihr Kopfkissen.

Übung: Ritual zum Loswerden

Mit diesem Ritual können Sie grundsätzlich jede Art von Trennung vollziehen, egal ob Sie sich von Ihrem Lover oder von Gerümpel trennen wollen.

Ein Ritual zum Loswerden führen Sie am besten in der Zeit des abnehmenden Mondes durch. Ansonsten verfahren Sie ähnlich wie beim anziehenden Ritual.

Legen Sie auch hier Ihre ausgewählten Gegenstände in den Kreis, bevor Sie ihn wie üblich schließen. In der Mitte nehmen Sie Ihre Gegenstände in die Hand und schicken alles, was Sie gerne los sein möchten, in diese Dinge. Wenn Sie damit fertig sind, spüren Sie der Energie noch einen Augenblick nach und öffnen dann wie immer Ihren Kreis.
Die für Ihr Ritual benützten Gegenstände sollten Sie nicht in Ihrer Nähe behalten, sondern sie so bald wie möglich loswerden. Am besten, Sie gehen gleich nach Beendigung Ihres Rituals los und geben die mit Unerwünschtem angefüllten Teile an die Elemente ab.

Die richtige Wahl der Ritualgegenstände

Achten Sie bei allen Gegenständen, die Sie für Rituale verwenden, darauf, dass Sie zu Ihrem Vorhaben passen. Wenn Sie etwas vorhaben, bei dem Sie hinterher einen Gegenstand bei sich tragen wollen, dann wäre beispielsweise eine Nähnadel ungeeignet. Gleiches gilt für alles, was Sie Mutter Natur übergeben wollen. Machen Sie daraus am besten ein Geschenk. Ein schönes buntes Herbstblatt, das Sie in einen Fluss werfen, eignet sich besser als ein Gegenstand aus Plastik. Achten Sie auf die Umweltverträglichkeit, damit die Dinge, die Sie dann los sind, Gaia nicht belasten. Sonst laufen Sie Gefahr, dass Ihnen die Naturgeister eher unwillig zuhören und keinen Antrieb entwickeln, Ihnen unter die Arme zu greifen. Malen Sie Dinge in guten Humus, oder pflanzen Sie etwas an, wenn Sie eine Sache beschleunigen wollen. Schenken Sie dem Wasser einige Tropfen eines aromatischen Öls oder etwas aus Holz Geschnitztes. Lassen Sie sich etwas einfallen; denken Sie daran, dass auch Sie eher dazu geneigt sind, zu jemandem nett zu sein, der sich mit seinem Anliegen Mühe gibt.

Bekräftigung Ihrer Wünsche durch Affirmationen

Zusätzlich zu einem Ritual können Sie mit Affirmationen arbeiten. Denken Sie sich diese Bestätigungsformeln am besten selbst aus, und greifen Sie nur im Notfall auf Sätze zurück, die Sie zum Beispiel aus einem Buch haben. Formulieren Sie Ihre Affirmationen so, dass sie den gewünschten Zustand beschreiben, als sei er schon eingetreten. Ihr Unterbewusstsein – mit dem Sie auf diese Weise unmittelbar sprechen – arbeitet schamanisch und schert sich nicht um Kleinigkeiten wie Vergangenheit, Gegenwart und Zukunft. Für Ihr Unterbewusstsein ist jede Zeit jetzt.
Sagen Sie also keine Sätze, die auf die Zukunft gerichtet sind; sonst warten Ihr Unterbewusstsein und Sie bis zum Sankt-Nimmerleins-Tag auf das Gute, was Sie sich für Ihr Leben wünschen. Ein Beispiel: Anstatt zu sagen »ich werde keine Fertiggerichte mehr im Küchenschrank horten«, sagen Sie lieber »ich bewahre im Küchenschrank alles auf, was mir wirklich gut tut und was ich für die nächsten paar Tage brauche«. Oder sagen

Sie »ich beschäftige mich täglich mit meiner Ahnenecke und verbinde mich mit ...« anstatt »ich werde mir eine Ahnenecke einrichten«.

Bleiben Sie beweglich

Stellen Sie in der ersten Woche Ihre eigenen kleinen oder großen Rituale zusammen, die Sie dann so oder leicht abgewandelt während der weiteren drei Wochen verwenden können. Scheuen Sie sich nicht, immer wieder etwas zu verändern und möglichen neuen Einfällen anzupassen. Sie werden während Ihrer Rituale oder Übungen feststellen, dass die eine oder andere Anregung nicht zu dem passt, was Sie sich wünschen. Bauen Sie alles so lange um, bis es Ihnen wirklich angemessen erscheint, denn schließlich geht es hier um Ihr Wohlbefinden.

Übung: Ordnungsbarometer

Beim Thema Krempel treibt der Selbstbetrug die buntesten Blüten. Tricksen Sie sich nicht selbst aus, sondern bleiben Sie bei klaren Erkenntnissen. Diese Übung hilft Ihnen dabei.

Diese Übung können Sie während der gesamten vier Wochen Ihres Programms anwenden; besonders nützlich ist sie jedoch während der ersten Zeit. Es handelt sich dabei um eine leicht abgewandelte Form der Bestandsaufnahme, die Sie bereits kennen. Um Ihre Lebensumgebung in den nächsten Wochen auf Ihren persönlichen Ordnungsstand zu bringen, benötigen Sie zunächst ein möglichst klares Bild davon, wie es in Ihrem Zuhause aussieht. Falls Sie Ihr Ordnungsprogramm im direkten Anschluss an Ihre ersten Aufräumenversuche machen, können Sie dazu die Ergebnisse aus den früher im Buch beschriebenen Übungen verwenden. Sollten diese Beobachtungen allerdings länger als vier Wochen zurückliegen, fangen Sie unbedingt noch einmal von vorne an, oder überprüfen Sie Ihre Niederschriften.

Verwenden Sie am besten eine Sofortbildkamera, um sich klar zu werden, wie es in Ihren vier Wänden aussieht. Fotografieren Sie alle Zimmer zu einer Zeit, die Sie als typisch bezeichnen würden – beispielsweise wenn Sie nach Hause kommen und vom Frühstück noch alles herumliegt oder wenn Ihre Kleinen gerade ein heilloses Durcheinander im Wohnzimmer veranstaltet haben. Räumen Sie für die Fotos nichts weg (das kennen Sie schon aus der Übung, in der es um Ihr persönliches Aufräumbedürfnis ging), sondern betrachten Sie die Bilder als Gelegenheit, ein unverfälscht ehrliches Bild des tatsächlichen Zustands zu bekommen.

Legen Sie die Bilder auf einem Tisch oder auf dem Fußboden so aus, dass Sie sie alle im Blick haben.

Betrachten Sie – wie schon bei Ihrer ersten Fotoübung – Ihre Räumlichkeiten so, als

wenn Sie zum ersten Mal durch die Räume gingen. Schreiben Sie in kurzen Stichworten auf einen Zettel, wie Sie die einzelnen Bereiche Ihrer Wohnung einschätzen. Es reicht, wenn Sie einfache Begriffe wählen, Hauptwörter, Eigenschaftswörter oder Abkürzungen, auch wenn nur Sie allein diese verstehen. Die Hauptsache ist, dass Sie so genau wie möglich sind.
Wenn Sie damit fertig sind, notieren Sie auf einem anderen Blatt, was Sie in den jeweiligen Räumen JETZT am liebsten anders haben möchten. Beschreiben Sie dabei den Idealzustand Ihrer Zimmer. Dazu gehören zum Beispiel auch andere Möbel oder eine neue Tapete. Lassen Sie sich nicht davon abschrecken, wenn die Umsetzung Ihrer Vorstellung dadurch länger dauern sollte als Ihre erste Programmwoche oder teuer wäre. Sie beschreiben hier lediglich den Idealzustand, nicht den Weg, wie Sie von A nach B kommen. Dazu kommen wir später.
Sie haben nun eine genaue Aufstellung davon, wie es in Ihren vier Wänden aussieht. Daneben liegt eine Liste mit dem, was Sie im Moment am liebsten anders hätten. Vergleichen Sie beide Listen, und überlegen Sie, wie Sie vom Ist-Zustand zum Idealzustand gelangen können. Halten Sie sich auch hier nicht mit Gedanken über Geld- oder Zeitaufwand auf. Planen Sie so, als würden diese Faktoren keine Rolle spielen. Kompromisse können Sie später immer noch eingehen. Als erstes brauchen Sie ein Ziel und einen möglichen Weg, um dorthin zu kommen.

Wenn Sie nicht in Gang kommen

Wer kennt das nicht: Die besten Vorsätze sind gefasst, und dann passiert erst mal gar nichts. Man ist wie gelähmt und findet den Anfang nicht. Ein paar einfache Entspannungsübungen, ein spielerisches Rangeln mit dem Geist der Unordnung schaffen Luft und setzen die Energie für den ersten Schritt frei. Sie können die folgende Übung so oft wiederholen, wie Sie wollen. Sie hilft Ihnen dabei, weder sich selbst noch Ihr Vorhaben allzu ernst zu nehmen. Denn denken Sie daran: Auch wenn Sie um die Themen »Aufräumen« und »Verwurzelung« herumschleichen wie die Katze um den heißen Brei, sollten Sie dabei auf keinen Fall Ihren Humor verlieren – Sie werden ihn noch brauchen, wenn es wirklich ans Eingemachte geht.

Blockaden beheben

Wenn Sie also feststellen, dass Sie trotz aller guten Vorsätze einfach nicht in Gang kommen und den Anfang Ihrer Maßnahmen immer wieder hinausschieben, sind Sie blockiert. Sie haben nun die Wahl, noch einmal von vorne anzufangen und Ihre Beweggründe für die angestrebte Veränderung eingehender unter die Lupe zu nehmen. Vielleicht haben Sie übersehen, dass Sie letztlich doch nur den Vorstellungen eines anderen folgen statt Ihren eigenen; dann würden Sie ständig gegen sich selbst kämpfen. Oder Sie sind nicht völlig davon überzeugt, dass eine Veränderung nötig ist, und glauben lediglich, dass man sie von Ihnen erwartet. Schauen Sie genau hin, und falls hier eine Ursache Ihrer Blockaden liegt, wiederholen Sie noch einmal die Übungen aus den ersten Kapiteln, die zu Ihren persönlichen Blockaden passen. Fangen Sie jedoch noch nicht mit Ihrem Vier-Wochen-Plan an.

Anreize schaffen

Sollte Ihnen lediglich Ihre Faulheit im Weg stehen, dann ist es Zeit, sich eine Karotte hinzuhalten. Es arbeitet sich viel besser, wenn Sie genau wissen, was Sie dadurch gewinnen. Dafür reicht bereits eine kurze Erinnerung aus, die Sie so oft und so lange Sie wollen wiederholen können. Wenn Sie gerne etwas visualisieren, sozusagen als energetisch belebende Spritze, dann stellen Sie sich kurz im Bad vor den Spiegel, sehen sich in die Augen und wiederholen zum Beispiel folgende Affirmation:
»Ich bin sicher in meiner Welt verankert. Um mich befinden sich nur die Dinge, die ich jetzt wirklich brauche.«
Falls diese zwei Sätze nicht zu Ihnen passen oder Sie lieber Stichworte oder Reime sprechen, stellen Sie sich Ihre persönlichen Affirmationen selbst zusammen. Wichtig ist nur, dass Sie sie möglichst kurz halten, damit Sie sie oft wiederholen können und leicht behalten. Beginnen Sie mit einem einfachen Satz. Wenn Sie später Affirmationen dazunehmen oder sie durch andere ersetzen wollen, ist das kein Problem. Es ist auch nicht so wichtig, ob Sie jedes Mal genau glauben, was Sie sagen. Wenn Ihr Leben also gerade völlig chaotisch verläuft und Sie sagen: »Ich lebe zufrieden und harmonisch ein ruhiges Leben«, dann funkt Ihnen möglicherweise eine Stimme im Kopf dazwischen und redet Ihnen ein, dass dieser Satz nicht stimmt. Lassen Sie sich davon nicht irritieren, denn Sie sind ja angetreten, um diesen Zustand zu ändern. Bleiben Sie dabei.

Schamanische Reise

Andere Blockaden können Sie mit einer Visualisierung des Geistes des unerwünschten Zustands bearbeiten. Wenn Ihnen beispielsweise der Boden unter den Füßen fehlt, dann holen Sie den Geist der Leere oder Wurzellosigkeit. Wenn es darum geht, sich erst mal Luft zum Atmen zu schaffen und stapelweise Krempel zu beseitigen, dann arbeiten Sie mit dem Geist der Unordnung, der Krempelstapel oder der Überlastung. Entscheiden Sie selbst, welcher dieser Geister am besten zu Ihrer Lage passt. Sollten Sie nicht sofort ein Bild vor Augen haben, schreiben Sie auf, welche Eigenschaften dieses Wesen haben könnte oder wie dieser Geist aussehen soll.
Sofern Sie sich mit schamanischen Reisen auskennen, führen Sie diese Begegnung am besten als Mittelweltreise aus. Wenn Sie (noch) keine Kenntnisse dieser Art haben, lassen Sie sich auf die folgende Reise in Ihrer Vorstellungskraft begleiten. Sie ist mit einer echten schamanischen Reise allerdings nicht vergleichbar, da diese wesentlich tiefer geht und weiter reichende Eingriffsmöglichkeiten

bietet. Falls Sie aber nicht entsprechend ausgebildet sind, sollten Sie schamanische Techniken außerhalb der beschriebenen Übungen meiden. Buchwissen reicht für schamanische Arbeit auf keinen Fall aus.

Übung: Reise zum Geistwesen

Probieren Sie diese Übung nur dann aus, wenn Sie bereits andere Meditationen und Übungen durchgeführt haben. Hier geht es um Einblicke für Fortgeschrittene.

Die Übung gehört in einen magischen Kreis, damit Sie geschützt sind. Suchen Sie sich einen ruhigen Ort, und machen Sie es sich bequem. Am besten wählen Sie dafür einen Platz, den Sie bereits so empfinden, wie Sie sich den Rest Ihrer Bleibe wünschen. Oder Sie wählen genau das Gegenteil, etwa ein Zimmer, das besonders wenig zum Verweilen einlädt und dem jede energetische Anziehungskraft fehlt. Stellen Sie unbedingt sicher, dass Sie während der Übung nicht gestört werden. Sollten Sie sich während der Übung unwohl fühlen oder unsicher sein, wie es weitergeht, brechen Sie ab, und kommen Sie zurück. Ihr Instinkt schützt Sie davor, etwas zu unternehmen, was Ihnen nicht bekommt oder was in der augenblicklichen Situation nicht zu Ihnen passt.

Schließen Sie die Augen, und richten Sie Ihre Aufmerksamkeit kurz auf Ihren Atem, um sich zu entspannen. Verändern Sie nichts, sondern beobachten Sie nur, wie sich Ihr Körper anfühlt.

Visualisieren Sie, wie Sie in Ihrem Sessel oder Stuhl sitzen, so als würden Sie sich zusehen. Stellen Sie sich in Gedanken so auf, dass Sie Ihren tatsächlichen Körper hinter sich haben. Umgeben Sie Ihren Gedankenkörper mit einer Art Blase aus goldenem Licht, und machen Sie sich klar, dass durch diese goldene Eierschale nur das hindurchkommt, was für Sie nützlich und förderlich ist. Alles andere bleibt außen vor.

Nun rufen Sie den Geist des Zustandes, den Sie sich ausgesucht haben: den der Wurzellosigkeit oder der Unordnung, der Leere oder der Krempelstapel. Stellen Sie sicher, dass Sie vorher wissen, wen Sie rufen, und belassen Sie es bei einem Geist pro Sitzung. Halten Sie sich für ungewöhnliche Erfahrungen offen. Möglicherweise nehmen Sie nur eine Gegenwart wahr, oder Sie sehen jemanden aus Ihrem Augenwinkel. Setzen Sie sich nicht unter Druck, dass Sie etwas sehen MÜSSEN. Manche Menschen sehen Dinge wie in einem Kinofilm, andere bekommen Gedankenblitze, die sie auf wichtige Erfahrungen hinweisen, wiederum andere Menschen riechen oder hören etwas. Lassen Sie sich auf das ein, was passiert, ohne es zu bewerten.

Wenn Sie spüren, dass Sie eine Verbindung zu dem Geistwesen aufgenommen haben, das Sie gerufen haben, dann sprechen Sie mit Ihrem Gegenüber. Sie können dafür

Worte verwenden oder nur Gefühle. Meistens hilft es, sich deutlich in Sätzen oder Worten auszudrücken. Dadurch wird Ihnen klar, was Ihnen wirklich wichtig ist. Wenn Sie Fragen haben, ist jetzt ein guter Zeitpunkt, sie zu stellen. Denken Sie nur daran: Weniger ist mehr. Überschütten Sie Ihre Gegenüber nicht mit Fragen, sondern belassen Sie es zunächst bei ein oder zwei Fragen, die Ihnen wirklich wichtig sind. Achten Sie genau auf die Antwort. Eventuell erhalten Sie Informationen, die Sie nicht erwartet haben oder die Sie lieber nicht so genau hören wollten. Lassen Sie sich auf das Gehörte oder Empfundene ein, egal wie widersinnig es Ihnen auch erscheinen mag. Denken Sie an Ihre nächtlichen Träume. Auch um deren Sinn zu entschlüsseln, brauchen Sie oft etwas länger Zeit.

Überladen Sie die erste Begegnung nicht, sondern beenden Sie Ihre Reise, wenn Sie einige Aufschlüsse bekommen haben. Sie können jederzeit wiederkommen und weitere Fragen stellen.

Bedanken Sie sich für die Auskünfte, und verabschieden Sie sich. Treten Sie rückwärts an Ihren Sitzplatz, und setzen Sie sich wieder hin, sozusagen in Ihren Körper hinein. Sie nehmen dabei Ihre goldene Energiekugel mit.

Spüren Sie Ihren Körper, und atmen Sie tief ein. Bewegen Sie Hände und Füße, und öffnen Sie dann langsam wieder die Augen. Bleiben Sie noch einen Augenblick ruhig sitzen, bis Sie wirklich wieder ganz da sind. Schreiben Sie am besten auf, was Sie erlebt und erfahren haben. Auch wenn Sie Ihre Erkenntnisse im Moment noch ganz deutlich vor sich sehen, werden Sie sie sehr schnell vergessen. Hierin sind sich schamanische Reisen und Träume sehr ähnlich.

Arbeiten Sie mit den Auskünften, die Sie bekommen haben. So verfügen Sie über ein praktisches Handwerkszeug, mit dem Sie Ihre Blockaden beseitigen können.

Falls Sie keinerlei Informationen bekommen haben und in Ihrem Sessel gesessen haben, ohne dass irgendetwas geschehen ist: nicht verzagen, sondern einfach ein anderes Mal wieder probieren. Lassen Sie sich Zeit, und achten Sie darauf, was Sie unterdessen träumen. Falls Sie zu den wenigen Menschen gehören, die tatsächlich nicht visualisieren können, kommen die nötigen Informationen auf anderem Wege zu Ihnen. Sie können durch ganz alltägliche Dinge darauf aufmerksam gemacht werden: durch ein Bild, das auf dem Bildschirm auftaucht, wenn Sie den Fernseher einschalten, durch ein Werbeplakat, durch einen Bruchteil eines mitgehörten Gesprächs oder Ähnliches. Bevor Sie nun aber hinter jedem Husten eine kosmische Nachricht vermuten, denken Sie daran, dass ein Spaten gelegentlich nur ein Spaten ist.

Liste für die nächsten Wochen

In der Zwischenzeit haben Sie Ihre Fotosammlung sowie einen Stapel von Notizen zusammengestellt. Bisher waren Sie damit beschäftigt, sich genau anzusehen, was bei Ihnen im Haus alles im Argen liegt. Nun ist es an der Zeit, den Problembereichen zu Leibe zu rücken.

Sehen Sie sich Ihre gesammelten Hinweise genau an, und sortieren Sie sie noch einmal, da sich Ihre Schwerpunkte seit dem ersten Betrachten und Bewerten möglicherweise verändert haben. Machen Sie sich nun eine Liste, die Sie in den nächsten Wochen abarbeiten wollen. Auf Ihrer Liste sollten folgende Dinge auf jeden Fall auftauchen, wenn auch nicht unbedingt in dieser Reihenfolge:

Für die Verwurzelung:

- Ahnenplatz anlegen (falls Sie das noch nicht gemacht haben sollten).
- Einen Aufbewahrungsort für wichtige Dinge – ob Dokumente oder Lieblingsvideo – festlegen (dieser Teil könnte Sie eine ganze Weile in Anspruch nehmen, da Sie wirklich wissen sollten, was wichtige Dinge sind). Achten Sie darauf, dass Sie für ALLE wichtigen Dinge einen Platz ausgesucht haben, bevor Sie tatsächlich ans Räumen gehen.

Raum schaffen:

- Küchenschränke mit toten Lebensmitteln markieren.
- Bücherschränke auf ungelesene Bücher durchforsten.
- Papierstapel aufspüren (dazu gehören auch Zeitungen, die Sie immer noch mal lesen wollten, aber nie mehr in die Hand nehmen werden).
- Kleiderschrank unter die Lupe nehmen.
- Boden- und Kellerräume genau betrachten.
- Handschuhfach des Autos und Garage nicht vergessen.

Neben diesen Themen können unzählige andere auf Ihrem Zettel stehen, es gibt keine Begrenzung. Achten Sie aber darauf, dass Sie nicht eine lange Liste als Entschuldigung dafür vorschieben, dass Sie gar nicht erst anzufangen brauchen, da das kein Mensch schaffen kann. Sie können es schaffen, wenn Sie auf dem Teppich bleiben und von sich nur kleine Wunder erwarten.

Die zweite Woche

Diese Woche verbringen Sie mit Wegwerfen und Weggeben, auch wenn's weh tut. Überlegen Sie zunächst, ob Sie eher ein Typ sind, der die unangenehmen Dinge lieber aufschiebt und sich erst mal mit dem in Stimmung bringt, was Lust auf mehr macht. Oder ob Sie sich lieber hinterher belohnen und auf Ihrem Teller als Erstes das essen, was Sie am wenigsten mögen. Sie haben in dieser zweiten Woche die Wahl: Entweder Sie bewegen sich ganz auf der sicheren Seite und folgen genau dem vertrauten Muster. Dann verhindern Sie auf diese Weise, dass sich zu viel zu schnell ändert, und das vertraute Vorgehen wird Ihnen helfen, bei der Stange zu bleiben, und Sie daran erinnern, dass Sie bisher noch jede Aufgabe auf diese Weise gemeistert haben. Oder Sie lassen sich auf ein Abenteuer mehr ein – schließlich haben Sie nur Ihren

Krempel zu verlieren. Tun Sie einfach mal genau das Gegenteil von dem, was Ihnen vertraut ist. Im gleichen Maße, wie Ihnen das alte Muster Sicherheit gibt, hat ein ungewohntes Herangehen den Vorteil, dass Sie nicht an alte Verhaltensweisen gebunden sind. Wenn Sie alles bunt und anders machen, werden Sie obendrein nicht so schnell in die alten Gewohnheiten zurückfallen. Sie können auch auf die eine Art anfangen und, wenn Sie feststellen, dass das keine gute Idee war, es ab da anders machen.

Das große Wegwerfen

Erst nach dem Wegwerfen werden Sie Übungen zum Verwurzeln durchführen. Während der erste Teil Ihres Programms für Freiheit im Kopf und in den Schränken sorgt, holen Sie sich in der anderen Hälfte Ihres Mondzyklus das, was Ihnen die Krempelstapel verheißen haben: allgemeine Sicherheit, eine vertraute Umgebung oder Schutz vor Armut. Welchen Mangel Sie mit Hilfe von unnützen Dingen ausgleichen wollen, haben Sie ja bereits festgestellt. Nun geht es darum, aufmerksam Ihre Notizen durchzugehen und den roten Faden zu finden. Schauen Sie sich an, was Sie dazu herausgefunden haben, welch ein Aufräumtyp Sie sind. Diese Informationen brauchen Sie jetzt.

Nun kommen Sie zu dem Teil, wo auch dieses Buch Ihnen rät wegzuwerfen, was Ihnen nicht mehr nützlich ist. Trennen Sie sich von allem, was Sie nicht mehr brauchen. Behalten Sie allerdings eine Sache dabei im Kopf: Außer Ihnen weiß niemand darüber Bescheid, was Sie noch brauchen und was nicht. Räuchern Sie zur Einstimmung zunächst sich selbst und das Zimmer Ihres Vorhabens aus. Verwenden Sie dafür reinen Salbei oder ätherisches Salbeiöl, das Sie in einer Duftlampe erwärmen. Fächeln Sie den Rauch möglichst über Ihren ganzen Körper, so, als wollten Sie sich in einer Wolke davon einhüllen. Visualisieren Sie dabei, wie sich alle Energie entfernt und auflöst, die nicht zu Ihnen gehört. Anschließend fächeln Sie den Rauch oder Duft gegen den Uhrzeigersinn durch den Raum und bitten ebenso darum, dass der Salbei alles mitnimmt, was Sie dort nicht mehr haben wollen und was Sie dort nicht mehr brauchen.

Der erste Sack

Beginnen Sie mit dem Aufräumen zunächst nur in einem Raum, und zwar dort, wo es Ihnen eher leicht fällt, Dinge wegzuwerfen. Wählen Sie beispielsweise Ihr Schlafzimmer und Ihren Kleiderschrank. Seien Sie unnachgiebig, denn nichts ist so sehr mit Ihrem inneren Bild von Ihrer persönlichen Wirklichkeit verbunden wie Ihre Kleidung. Sie finden sich in diesem Teil zu dick, in jenem zu blass, beim nächsten ist die Saumlänge nicht richtig oder das Hosenbein zu kurz. Legen Sie sich große Plastiksäcke (in anderen Räumen nehmen Sie Kartons) bereit. In den ersten kommen alle Kleider, die Sie richtig gerne tragen und auf jeden Fall behalten wollen. Diese herauszusuchen wird Ihnen nicht schwer fallen. Wenn der Sack voll ist, hat darin nichts anderes mehr Platz. Überlegen Sie also, welche Stücke Ihnen TATSÄCHLICH wichtig sind. Falls Sie zum Beispiel einen Arbeits-Sack und einen Freizeit-Sack sammeln wollen, weil Ihre Garderoben für diese Gelegenheiten zu unterschiedlich sind, dann tun Sie das. Auch ein Sommer- und ein Winter-Sack sind kein Thema. Erfinden Sie jedoch keine Entschuldigungen, warum Sie gerade dieses Teil doch noch aufheben wollen.

Die Drei-Stapel-Methode

In den nächsten Sack kommen alle Kleidungsstücke, die Sie auf keinen Fall behalten wollen. Entscheiden Sie sich nicht zu schnell, seien Sie sich sicher, und stehen Sie dann zu Ihrer Entscheidung. Nehmen Sie auf keinen Fall Teile wieder aus dem Altkleidersack heraus. Vermutlich ist nach diesem ersten Durchgang Ihr Stapel der Dinge, bei denen Sie unentschieden sind, der größte. Gehen Sie diesen Stapel noch einmal durch, und verweilen Sie bei jedem Stück. Machen Sie Ihre Heiß-Kalt-Übung, um herauszubekommen, welche Teile wirklich weg können.

Treffen Sie klare Entscheidungen. Das Kleid, das schon seit zehn Jahren ganz hinten im Schrank hängt und das Sie anziehen wollen, sobald Sie 15 Kilo abgenommen haben, können Sie übrigens getrost als Museumsstück einstufen (nett anzusehen, aber nutzlos). Oder Sie trennen sich endlich von Kleid und Illusion. Achten Sie darauf, trotz allem liebevoll mit dem Teil Ihres Egos umzugehen, der Ihnen dauernd einzureden versucht, dass Sie demnächst nichts mehr anzuziehen haben, dass Sie völlig unvernünftig sind und alle Dinge wieder in Mode kommen. Beruhigen sie ihn, indem Sie höchstens drei Stücke, die Sie eigentlich wegwerfen wollten, vorläufig aufbewahren. Sie werden feststellen, dass Sie auch diese am Ende des Aufräumens nicht mehr brauchen.

Die Methode der drei Stapel können Sie auch in jedem anderen Zimmer anwenden. Wählen Sie angemessene Behältnisse – Mülleimer, Bücherkisten, Kartons, Plastiktüten oder -kästen.

Die Methode gegen die Sammelpanik

Eine andere Möglichkeit ist, nicht jeden Raum einzeln zu betrachten, sondern sich einen Sack oder Karton zu nehmen und durch alle Räume zu gehen (räuchern Sie dann auch überall vorher aus). Ziel dieser Vorgehensweise ist nicht, einen Raum oder mehrere gründlich von Krempel zu befreien, sondern nur die herausragenden Stücke einzusammeln. Hören Sie auf, wenn der von Ihnen gewählte Behälter voll ist. Sie haben damit Ihre Tagesmenge erreicht und dürfen mit sich zufrieden sein. Dieses Vorgehen dauert zwar erheblich länger, als wenn Sie Raum für Raum entkrempeln, es ist aber unauffälliger. So überlisten Sie eher Ihre Sammelpanik. Der Nachteil ist, dass Sie länger als ein paar Wochen brauchen, da Sie vermutlich nicht jeden Tag eine Trödelsammlung veranstalten und obendrein Zeit benötigen, den Krempel sachgerecht sortiert loszuwerden. Wichtig ist, dass Sie sich tägliche Erfolgsgefühle verschaffen. Falls Ihr Alltag nur zulässt, pro Tag eine Umzugskiste voller Kram zu entsorgen, dann ist das eben Ihr Tagessoll. Und wenn Sie das nicht schaffen: Am nächsten Tag machen Sie weiter.

Ein Zwischenlager anlegen

Wer schwer Dinge loslassen kann, legt sich am besten einen Platz an, auf dem alles landet, von dem er sich nicht sicher ist, ob er es noch gebrauchen wird. Sie können hier außerdem hinlegen, was Sie nicht wegräumen wollen, weil Sie in Eile sind oder Ihnen etwas dazwischengekommen ist. Wie groß der Platz für Ihre Krempelaufbewahrung ist, liegt ganz bei Ihnen. Wenn Sie schon wissen, dass es sich um eine Menge Kram handelt, dann wählen Sie eine Truhe oder eine Kommode. Besser Sie beschränken sich von vorneherein auf eine Schublade, dann geht das regelmäßige Aufräumen Ihres Zwischenlagers schneller.

Machen Sie sich einen Plan, in welchen Abständen Sie den gesamten Inhalt der Schublade auf Herz und Nieren prüfen und an die richtigen Plätze umlagern wollen. Leeren Sie ihn einmal pro Woche, gibt Ihnen das die Gelegenheit, an diesem Ort auch Dinge wie Rechnungen zwischenzulagern, die Sie noch bearbeiten müssen, bevor Sie sie abheften. Wenn Sie einen längeren Zeitraum wählen, haben Sie wesentlich mehr auf einmal zu tun, Sie sollten dann wichtige Dinge sofort erledigen und sie dort nicht zwischendurch parken. Welcher Abstand Ihnen am passendsten erscheint, probieren Sie am besten aus.

Legen Sie jedoch für Ihre Schublade oder Truhe eine goldene Regel fest: Wenn Sie dort aufräumen, darf nichts zurückbleiben. Alles kommt an seinen Platz. Wenn Sie mit der Überprüfung Ihrer Erst-Sammel-Kommode fertig sind, ist diese leer. Sollten Sie sie nicht leeren, droht Ihnen der nächste Krempelgau, und Ihre ganze Mühe war vergeblich.

Die dritte Woche

Beginnen Sie mit Ihrer Verwurzelung erst, wenn Sie genügend Platz geschaffen haben – egal, ob dies in der dritten Woche der Fall ist oder nicht. Sonst schlagen Sie Wurzeln auf einer Müllhalde. Sollten Sie nicht genügend Ballast losgeworden sein, finden Sie sich binnen kürzester Zeit wieder genau da, wo Sie vorher waren. Und Sie haben dann die doppelte oder dreifache Mühe. Beginnen Sie mit der Verwurzelungswoche also erst dann, wenn Sie den Eindruck haben, dass bereits echte Lücken entstanden sind und Sie beispielsweise mit einem Raum fertig sind.

Das Einzige, was Sie schon während Ihrer Räumarbeiten aufstellen können, ist Ihre Ahnenecke. Sie kann Ihnen als Anker dienen, während sich Klamottenhaufen in übersichtliche Kleiderschränke und überladene Küchenschränke in den Traum jedes Kochs verwandeln. Es ist nicht tragisch, wenn Sie nach

Ihren Aufräumarbeiten Ihren Ahnenplatz an eine andere Stelle verlegen. Da Sie in der Zwischenzeit in Ihren vier Wänden ganz neue Energien geschaffen haben, dauert es einige Zeit, sich an das Neue zu gewöhnen und für das, was Sie brauchen, den passenden Ort auszuwählen.

Die Ahnen entscheiden lassen

Inzwischen befinden sich nur Dinge in Ihrer Wohnung, die Sie dort wirklich haben wollen (abgesehen von Ihrer Truhe oder Schublade mit dem wöchentlichen Krimskrams). Dennoch sollten Sie die als wichtig eingestuften Gegenstände nochmals überprüfen. Sind Sie sich beispielsweise bei einigen großen Teilen nicht ganz sicher, verhilft Ihnen das »Gericht der Vorfahren« zu restloser Klarheit. Mit großen Teilen meine ich keine Einbauschränke oder Gefriertruhen, sondern Gegenstände, die Ihren spirituellen Weg begleiten. Das können Dinge sein, die Sie schon als Kind Ihr Eigen nannten, oder neue Sachen, die Ihnen erst während Ihrer Räumarbeiten untergekommen sind.

Diese Gegenstände verwurzeln Sie auf der ersten Ebene in Ihren vier Wänden oder an Ihrem Arbeitsplatz. Es können Möbelstücke sein, Kieselsteine, ein schönes Erbstück oder ein Stück vom Trödelmarkt. Achten Sie während dieser Zeit besonders auf die Dinge, die Sie geschenkt bekommen oder bereits früher geschenkt bekommen haben. Zwar können Sie die Gegenstände für Ihre magische und spirituelle Arbeit auch selbst erstehen, doch wohnt ein besonderer Zauber in den Dingen, die Sie von freundlichen Wesen erhalten haben. Alles, was Ihnen vor die Füße fällt, was Ihnen ein Baum oder das Meer schenkt, gehört übrigens auch dazu.

Wenn Sie diese Dinge Ihren Ahnen vorführen, machen Sie sich übrigens keine Sorgen, wenn das eine oder andere Teil scheinbar nichts mit Ihrer Familie zu tun hat. Sie sind nicht nur Teil Ihrer Geburtsfamilie, sondern gehören auch zu einer spirituellen Familie und können auf dieser Reise nicht nur Ihren tatsächlichen, sondern auch Ihren spirituellen Ahnen begegnen. Diese Reise in die Vergangenheit benötigt Zeit und führt zu einem besseren Verständnis der persönlichen Geschichte sowie zu einem größeren Bild der jeweiligen Familiengeschichte.

Bevor Sie auf diese Reise gehen, legen Sie genau fest, was Sie fragen und wissen wollen. Ihre Vorfahren können Ihnen eine schier unendliche Flut von Erkenntnissen vermitteln. Alles auf einmal würde Sie vermutlich ungeheuer weise machen, Sie gleichzeitig aber vollkommen überfordern. Denken Sie obendrein daran, dass jedes Wissen auch, die Verantwortung, aufgrund dieses Wissens zu handeln, mit sich bringt.

Falls Sie sich sicher sind, dass Sie wirklich nur das wissen möchten, was gerade mit einem bestimmten Gegenstand zu tun hat, dann überlegen Sie sich eine entsprechend eingeschränkte Frage. Sie können Ihren Fragenkreis später immer noch erweitern. Alles einmal erfahrene Wissen können Sie allerdings nicht wieder zurückgeben.

Übung: Baumreise zum Krafttier

Reisen Sie niemals nur so zum Spaß und ohne entsprechende Vorbereitung. Wenn Sie mehr als nur diese bestimmte Reise unternehmen wollen, lernen Sie mehr darüber.

Wählen Sie eine Zeit, in der Sie nicht gestört werden, und machen Sie es sich bequem. Da diese Reise länger dauert, legen Sie sich am besten dabei hin. Vergessen Sie nicht, sich etwas unter den Kopf und vielleicht auch unter die Knie zu legen (das entlastet den Rücken). Decken Sie sich zu, falls Sie leicht frieren.

Bevor Sie beginnen, räuchern Sie den Raum gut aus. Führen Sie die Übung innerhalb des magischen Kreises durch, und legen Sie sich bequem hin. Schließen Sie die Augen. Atmen Sie ruhig und entspannt, und beobachten Sie Ihren Atem, ohne etwas zu verändern. Wenn Sie Geräusche hören, nehmen Sie diese einfach nur wahr, und lassen Sie sie vorbeiziehen. Mit Gedanken, die Ihren Alltag widerspiegeln, verfahren Sie genauso. Was wichtig ist, kommt Ihnen auch später wieder in den Sinn.

Die Reise zu den Ahnen beginnt dort, wo Sie sich gerade befinden. Spüren Sie die Unterlage, auf der Sie liegen, und lassen Sie Ihre Wahrnehmung von dort aus nach unten in Richtung Erde sinken. Wo Sie am Erdboden ankommen, sehen Sie, dass sich unter Ihnen das Innere eines Baumes auftut. Sie können um sich herum die Rinde sehen und bemerken eine Treppe, die weiter nach unten führt. Folgen Sie dieser Treppe, bis sie unten am Grund ankommen.

Schauen Sie sich um, bis Sie eine Pforte sehen, die aus dem Baum hinausführt. Betrachten Sie diese Tür genau, und sehen Sie, ob etwas darauf geschrieben steht, ein Symbol oder irgendetwas anderes. Egal, ob Sie etwas sehen oder nicht, treten Sie durch die Tür hindurch, und schließen Sie sie wieder hinter sich. Drehen Sie sich kurz um, und betrachten Sie die Außenseite der Tür. Überprüfen Sie wieder, ob sich dort ein Zeichen, Symbol, Wort oder sonst irgendetwas befindet.

Nun drehen Sie sich um. Ihnen gegenüber steht ein Tier. Sehen Sie es sich genau an, und wenn Sie wollen, sprechen Sie mit ihm. Fragen Sie, ob es eine Botschaft für Sie hat, und hören Sie zu. Setzen Sie sich an den Baumstamm, und laden Sie das Tier ein, sich neben Sie zu setzen. Zeigen Sie ihm, welchen Gegenstand Sie loslassen oder behalten möchten. Bitten Sie um Informationen darüber, wie und wo Sie dieses Teil verwenden sollen – oder nicht. Sie können so viele Gegenstände benennen, wie Sie wollen; beim ersten Besuch sollten Sie es jedoch nicht gleich übertreiben und es bei einem oder zwei Stücken belassen. Sie können jederzeit wiederkommen.

Wenn Sie fertig sind, verabschieden und bedanken Sie sich. Stehen Sie auf, und kehren Sie zur Tür im Baum zurück. Gehen Sie wieder in den Baumstamm hinein. Schlie-

ßen Sie die Tür hinter sich, und verweilen Sie einen Augenblick. Dann springen Sie zum obersten Absatz der Baumtreppe zurück. Entfernen Sie sich von dort aus langsam nach oben, bis Sie wieder bei Ihrem Körper ankommen.
Werden Sie sich Ihrer Gliedmaßen bewusst. Atmen Sie einige Male tief durch, und bewegen Sie behutsam, aber kraftvoll Hände und Füße. Bleiben Sie unbedingt noch einen Moment liegen, da Ihnen nach dieser Reise sonst leicht schwindelig werden kann.
Wenn Sie Ihre Baumreise noch vertiefen wollen, können Sie nebenbei eine CD oder Kassette laufen lassen, auf der einfaches Trommeln zu hören ist, keine Musik, nur Trommeln. Auch dieser Ausflug ist wieder ein schamanischer. Gehen Sie deshalb behutsam mit dem Tier um, das Sie getroffen haben. Es ist das Totemtier Ihres spirituellen Klans, Ihrer spirituellen Familie. Falls Sie zu Krafttieren kein Verhältnis haben, können Sie auch darum bitten, dass Ihnen statt des Totemtiers eine Person aus Ihrer Ahnenreihe zur Seite steht. Das gilt auch für den Fall, dass Sie beim ersten Mal nicht gleich einem Tier begegnen.
Malen Sie gleich nach der Rückkehr von Ihrer Reise auf, welches Symbol Sie gefunden haben. Auch dieses ist mit Ihrer spirituellen Familie verbunden und ist so etwas wie ein Wappen für Sie und die Ihren. Sie können es als Schutzamulett verwenden oder einfach den Ahnenort oder den Kraftort in Ihrem Haus damit schmücken.

Erdwurzeln bilden

Wenn Sie sich ohne den Besuch bei den Ahnen verwurzeln wollen, können Sie das am besten über das Element Erde tun. Es gibt nichts Haltbareres als diese Energie. Nutzen Sie sie immer, wenn Sie das Gefühl haben, dass Ihnen der feste Stand fehlt oder wenn Sie einem Problem ratlos gegenüberstehen. Am einfachsten gelingt diese Verbindung, wenn Sie eine der Übungen verwenden, die Sie bereits kennen.

Übung: Erdritual

Um wirklich ganz bei sich anzukommen, können die Wurzeln, die Sie mit dem Element Erde verbinden, gar nicht stark genug sein. Führen Sie das folgende Ritual ruhig mehrmals im Jahr aus.

Wenn Sie eine besondere Gelegenheit herstellen möchten, führen Sie ein Erdritual durch. Sie brauchen dafür Erde oder Sand. Am besten eignet sich Erde, die Sie selbst im Wald ausleihen, oder Sand, den Sie vom Strand holen. Außerdem brauchen Sie einige Tropfen Wasser, so dass Ihre Erde feucht und klebrig wird. Stellen Sie diese Zutaten in der Mitte bereit, und schließen Sie wie üblich Ihren magischen Kreis.
Falls Sie schüchtern sind, achten Sie darauf, dass Sie wirklich niemand stören kann, denn für dieses Ritual ziehen Sie Ihre Klei-

der aus. Legen Sie sie beiseite, und knien Sie sich vor Ihre Schale mit Erde oder Sand. Nehmen Sie nun etwas Erde, und reiben Sie sich diese unter die Fußsohlen.
Sprechen Sie dabei einen Satz, der sinngemäß dem folgenden entspricht: »Jeder Schritt meiner Füße sei verwurzelt in Erde.«
Reiben Sie sich als Nächstes Erde auf die Knie, und sagen Sie etwa: »Jede Verbeugung vor Ehrfurcht sei verwurzelt in Erde.«
Reiben Sie sich dann etwas auf Ihr Steißbein (ganz korrekt wäre Ihr Damm, aber falls Ihnen das unangenehm ist, nehmen Sie einfach den Steiß), und sagen Sie: »Jede Leidenschaft sei verwurzelt in Erde.«
Reiben Sie etwas Erde kurz unterhalb Ihres Bauchnabels, und sagen Sie: »Jede Schöpferkraft sei verwurzelt in Erde.«
Nun kommt etwas auf Ihr Sonnengeflecht: »Alle Lebenskraft sei verwurzelt in Erde.«
Geben Sie etwas auf Ihr Herz: »Alle Liebe sei verwurzelt in Erde.«
Etwas auf Ihre Kehle: »Alle Worte seien verwurzelt in Erde.«
Auf das dritte Auge: »Alle Einsicht sei verwurzelt in Erde.«
Nun reiben Sie Erde auf den Scheitelpunkt Ihres Kopfes: »Alle Vereinigung sei verwurzelt in Erde, verbunden dem Himmel.«
Als Letztes nehmen Sie Erde zwischen die Hände und reiben sie sanft ein: »Alles Handeln sei verwurzelt in Erde.«
Stehen Sie einen Augenblick still, und spüren Sie Ihrer Verbindung mit dem Element Erde nach. Dann öffnen Sie wie immer Ihren Kreis. Falls es Ihnen nicht unangenehm ist, behalten Sie die Erde ruhig eine Weile an Ihrem Körper, und ziehen Sie sich einfach wieder an. Wenn Sie das nicht mögen, duschen Sie erst mal.
Tragen Sie Erde oder Sand wieder dorthin zurück, wo Sie sie hergeholt haben, und bedanken Sie sich. Besonders eignet sich übrigens Erde von einem Kraftort, mit dem Sie sowieso arbeiten. Wenn es die Umstände erlauben, können Sie dieses Ritual auch draußen durchführen, zum Beispiel an Ihrem Kraftort. Falls dort normalerweise Menschen unterwegs sind (zum Beispiel am Strand), wählen Sie eine Tageszeit, bei der es unwahrscheinlich ist, dass jemand vorbeikommt. Falls Sie sehr abgelegene Stellen aufsuchen, nehmen Sie jemanden mit, der Neugierige gegebenenfalls abhalten kann.

Rituale für die vier Elemente

Diese Form des Rituals können Sie übrigens nicht nur mit dem Element Erde durchführen. Wenn Sie sich auch mit den anderen Elementen stärker verbinden möchten, machen Sie dieses Ritual nacheinander für alle Elemente. Sie können dafür bestimmte Jahreszeiten wählen, zum Beispiel den keltischen Jahresanfang zu Samhain am 1. November für die Erde, den Frühlingsanfang zu Imbolc am 2. Februar für die Luft, den Sommeranfang zu Walpurgis am 1. Mai für das Feuer und den Herbstanfang zu Lammas am 2. August für das Element Wasser. Sie können die vier Elementerituale auch für die vier Wochen

Ihres Mondzyklus zum Aufräumen verwenden. Entscheiden Sie selbst, welches der Elemente Ihnen in welcher Woche am besten bekommt.

Wenn Sie dieses Ritual mit den anderen Elementen durchführen, verändern Sie die gesprochenen Sätze entsprechend dem Element, mit dem Sie sich verbinden. So wird aus dem Satz »Jeder Schritt meiner Füße sei verwurzelt in Erde« ein passender Satz für Luft: »Jeder Schritt meiner Füße sei leicht durch die Luft.« Oder für Wasser: »Jeder Schritt meiner Füße sei tiefgründig wie Wasser.« Oder für Feuer: »Jeder Schritt meiner Füße sei lebendig wie Feuer.«

Statt sich mit Erde oder Sand einzureiben, fächeln Sie für die Luft mit Räucherwerk über die entsprechenden Stellen Ihres Körpers, benetzen Sie sie mit Wasser und lassen Sie das Licht einer Kerze darauf leuchten (passen Sie dabei auf, dass Sie kein heißes Wachs abbekommen und sich nicht verbrennen).

Die vierte Woche

Sie haben noch eine Woche des Mondkreislaufs übrig, die Sie dazu nutzen können, Ihr Leben einfach zu genießen. Die Woche bietet die Gelegenheit, die neu gewonnenen Erkenntnisse im Alltag zu überprüfen und neue Gewohnheiten anzunehmen.

Wenn Sie danach noch einmal den Zyklus »Aufräumen und Verwurzeln« starten wollen, haben Sie eine bessere Vorstellung davon, was noch zu tun ist.

Bevor Sie sich in den Alltag fallen lassen, achten Sie darauf, nicht wieder die schlechten Gewohnheiten walten zu lassen. Ein paar Wochen reichen noch nicht aus, um die neuen Ansätze zur Alltagsnormalität zu machen. Seien Sie also wachsam, und behalten Sie von den Übungen der vergangenen drei Wochen jene bei, die Ihnen dabei helfen, bei der Stange zu bleiben. Schaffen Sie sich ruhig Krücken, indem Sie zum Beispiel täglich in Ihrer Wohnung räuchern. Zünden Sie ebenso selbstverständlich für Ihr Zuhause eine Kerze und ein Räucherstäbchen an, wie Sie sich morgens die Zähne putzen. Zwei oder drei Minuten reichen völlig aus. Lassen Sie Ihr Räucherstäbchen zum Beispiel während des Frühstücks brennen, oder träufeln Sie jeden Morgen etwas ätherisches Öl auf eine Unterlage, von der aus sich das Öl in Luft auflösen kann.

Auch Übungen, die Sie gut erden oder Ihre Verbindung zu einem der anderen Elemente stärken, bieten sich an, um Ihre guten Vorsätze Wirklichkeit werden zu lassen. Spielen Sie mit den Möglichkeiten, die Ihnen die Rituale und Übungen bieten. Scheuen Sie sich nicht, noch einmal von vorne anzufangen, wenn Sie einfach noch nicht so weit sind. Ehrlichkeit ist in diesem Falle ein unschätzbarer Vorteil, wenn Sie nicht Zeit und Energie verschwenden wollen.

Es steht außer Frage: Sie allein sorgen dafür, ob Ihr Vorhaben gelingt oder aber auf einen anderen Zeitpunkt verschoben wird. Ihre Wahlfreiheit kann Ihnen niemand nehmen – und den Erfolg natürlich auch nicht.

Anhang

Was die Begriffe bedeuten

Anderswelt

Diese Welt liegt neben und innerhalb unserer sonstigen Wahrnehmung. Immer wenn wir träumen, auch wenn wir tagträumen, berühren wir diesen Raum. In der Anderswelt nehmen Sie einen anderen Teil der Wirklichkeit wahr als in Ihrem Alltag. Sie bewegen sich in der Anderswelt, wenn Sie schamanische Reisen oder Rituale durchführen. Da die Denkfilter Ihrer alltäglichen Wahrnehmung hier weniger Einfluss haben, gelingen Ihnen von hier aus Dinge, die Ihre alltägliche Wahrnehmung nicht erreichen könnte.

Chakren

Chakren sind Energiepunkte entlang Ihres Rumpfes. Sie haben noch an vielen anderen Stellen des Körpers – zum Beispiel an den Händen und Füßen – Energiezentren; sie hier alle zu erklären würde aber den Rahmen dieses Buches sprengen. Das unterste, erste Chakra liegt am unteren Ende Ihres Rumpfes. Hierher gehören die Farbe Rot und alle Themen, die mit Liebe, Lust und Leidenschaft zu tun haben. Der nächste Energiepunkt liegt unterhalb Ihres Nabels. Hier geht es um Fortpflanzung und die Farbe Orange. Dann folgt das Sonnengeflecht, der Solarplexus, mit der Farbe Gelb. Von hier können Sie gut Wärme für den ganzen Organismus holen. Falls Sie schnell frösteln, freunden Sie sich am besten mit diesem Energiepunkt rund um Ihren Nabel an, und meditieren Sie häufiger mit ihm. Als Nächstes folgt das Herzchakra und die Farbe Grün. Von hier öffnen Sie sich Ihren Gefühlen, aber auch Ihren Mitmenschen. Der nächste Energiepunkt befindet sich an Ihrem Hals, dort, wo sich vorne die kleine Kuhle zwischen Ihren Schlüsselbeinen befindet. Hierher gehört die Farbe Hellblau und alles, was Austausch, Gespräch und Verbindung zwischen Ihnen und Ihren Mitmenschen betrifft. Auf Ihrer Stirn, oberhalb der Nasenwurzel, folgt das Dritte Auge. Hier geht es um Ihre spirituelle Entwicklung, die Dinge, die Sie außerhalb Ihrer fünf Sinne wahrnehmen, und um die Farbe Dunkelblau. Oben auf dem Kopf – sozusagen als Gegenstück zu Ihrem ersten Chakra – befindet sich der oberste, siebte Energiepunkt. Das Kronenchakra ist für Ihre Erleuchtung und die Verbindung zu den oberen Gefilden zuständig. Durch diesen Bereich, dem die Farben Violett, Weiß oder Gold zugeordnet werden, fließt beispielsweise auch die Reikikraft.
Wenn die Energie in all Ihren Kraftpunkten gut fließt und sie miteinander im Einklang sind, dann geht es Ihnen rundherum gut.

Wenn einer Ihrer Energiepunkte aus dem Gleichgewicht ist, ganz egal, ob er zu schwach oder zu stark entwickelt ist, fühlen Sie sich nicht wirklich wohl. Falls dieses Ungleichgewicht länger anhält, kann das sogar zu Erkrankungen führen.

Elementargeister

Auch Elementewesen. Sie geben Ihnen Hilfe und Schutz, fordern aber häufig auch etwas zurück. Wenn Sie mit den Erdgeistern arbeiten, könnte es sein, dass Sie eine erdige Tätigkeit ausführen sollen, sozusagen im Austausch für die Hilfe. Das könnte ein Abendessen für besondere Freunde sein oder Müllsammeln im Wald. Die westliche Tradition, oft auch als keltische Tradition bezeichnet, kennt die Sylphiden (für das Element Luft im Osten), Salamander (für Feuer und Süden), Undinen (für Wasser und Westen) und Gnome (für Erde und Norden).

Sylphiden werden häufig als leicht bekleidete Mädchen dargestellt, die sich überall dort vergnügen, wo Luft in Bewegung kommt. Salamander sind flammige Wesen, die gelegentlich auch wie die Tiere gleichen Namens aussehen. Sie sind am leichtesten in den züngelnden Flammen eines offenen Feuers zu sehen. Undinen werden häufig als Nixen dargestellt oder als Männer verschlingende Ungeheuer, die nur darauf warten, dass sich ein ansehnlicher Mann ihrem Wasser nähert. Sie sind mit dem Gefühlsleben eng verbunden. Gnome werden häufig wie die Gartenzwerge dargestellt. Dabei sind sie keine hobbitartigen Wesen, sondern entsprechen eher den gelegentlich recht grimmigen Zwergen aus dem »Herrn der Ringe«.

Erden

Wenn Sie nach einem Ritual das Gefühl haben, dass Ihnen zu viel Energie zur Verfügung steht oder noch etwas von Ihrem Ritual übrig geblieben ist, stellen Sie sicher, dass Sie gut geerdet sind. Hocken oder setzen Sie sich hin, und legen Sie einfach beide Handflächen auf den Boden. Visualisieren Sie dabei, wie die überflüssige Energie durch Ihre Hände in die Erde fließt. Bitten Sie Gaia, diese Energie sinnvoll zu verwenden.

Kraftort

Dies ist ein Ort, an dem Sie Kraft tanken können. Falls dieser außerhalb Ihrer vier Wände liegt, bietet es sich an, ihn regelmäßig aufzusuchen, um mit diesem Platz ständig gut verbunden zu sein. Wenn Sie in Ihren vier Wänden einen solchen Ort finden, dann können Sie dort Ihren Hausaltar aufstellen und Ihre Rituale durchführen.

Ein Kraftplatz besteht nicht zwangsläufig aus Steinen, wie etwa Stonehenge oder der Kölner Dom. Es kann sich dabei um eine natürliche Lichtung, einen Baum im Stadtwald, eine Quelle in den Bergen oder unzählige andere Möglichkeiten handeln. Zu Hause kann Ihr Kraftplatz einfach der Ort in Ihrer Wohnung sein, wo sich die Energie am besten anfühlt und alle Elemente gut im Gleichgewicht sind.

Sie verstärken übrigens die Kräfte eines solchen Ortes – ob drinnen oder draußen –, indem Sie dort Rituale und andere Handlungen abhalten.

Magischer Kreis

Ein magischer Kreis ist ein energetischer Schutzkreis, in dessen Mitte Sie Rituale durchführen. Traditionell beginnen Sie damit im Osten, gehen im Uhrzeigersinn dann zum Süden, zum Westen und schließlich in den Norden. Dabei werden die Elementegeister – oder wer immer für Sie die Energien der vier Richtungen verkörpert – gerufen und um Schutz und Unterstützung gebeten. Wenn Sie anschließend in die Mitte Ihres Kreises treten, rufen Sie dort noch die Schutzgeister der unteren, der oberen und zuletzt der mittleren Welt. In der Mitte führen Sie dann Ihr Ritual durch. Wenn Sie fertig sind, öffnen Sie den Kreis wieder von der Mitte aus: Bedanken Sie sich zuerst in der Mittelwelt, dann oben und unten; von Norden aus gehen Sie dann gegen den Uhrzeigersinn nach Westen, Süden und Osten und bedanken sich dabei bei allen, die Ihnen geholfen haben. Besonders, wenn Sie größere Dinge vorhaben, ist es sinnvoll, neben den vier Elementen auch die Schutzgeister und Krafttiere der unteren Welt, die Schutzgeister der oberen und der mittleren Welt zu rufen.

Magische Zahlen

Wenn Sie lange genug rechnen, können Sie die magischen Einzelteile praktisch jeder Zahl zusammenbauen. Für Ihre praktische Arbeit mit Magie sind etwa das erste Dutzend interessant:

Eins – steht für den Kreis, die Einheit, das All und das Element Spirit.

Zwei – steht für alles, was sich ergänzt und zusammengehört: Göttin und Gott, Sonne und Mond, laut und leise, hell und dunkel, Tag und Nacht und so weiter.

Drei – die Zahl der Großen Göttin in ihren drei Gestalten: die junge Göttin, die Muttergöttin und die Weise Alte.

Vier – steht für die vier Jahreszeiten, für die vier Elemente Luft, Feuer, Wasser und Erde und für die vier Himmelsrichtungen.

Fünf – das Pentagramm mit den vier Elementen plus Spirit.

Sechs – diese Zahl verdoppelt und verstärkt die Drei der Großen Mutter.

Sieben – die vollständigen Richtungen aus dem magischen Kreis: Zu den vier Himmelsrichtungen kommen noch die drei Welten (Ober-, Unter- und Mittelwelt).

Acht – die acht Feste des Jahreszeitenkreises.

Neun – dreimal Drei verstärkt noch einmal die Zahl der Großen Mutter.

Pendel

Ein Pendel ist nützlich, wenn Sie einfache Ja-Nein-Fragen beantworten wollen. Sie können ganz einfach eines selbst herstellen. Sie brauchen dafür nur einen Ring und einen Zwirnfaden von etwa 30 Zentimeter Länge. Binden Sie den Ring daran fest, und halten Sie den Faden so zwischen Daumen und Zeigefinger, dass Sie das restliche Ende in der Hand behalten. Der Faden reicht von Ihrem Zeigefinger über die anderen Finger nach unten zum Ring. Achten Sie darauf, dass er frei hängt und schwingen kann. Stellen Sie am besten Ihren Ellenbogen auf einen Tisch, und setzen Sie sich, damit Ihnen die Aufmerksamkeit am Anfang leichter fällt. Sorgen Sie für die richtige Länge Ihres Fadens, damit sich Ihr Pendel frei über der Tischplatte bewegen kann.

Schließen Sie die Augen, und bitten Sie Ihr Pendel, Ihnen ein Ja zu zeigen. Warten Sie einen Moment, und schauen Sie dann hin. Merken Sie sich, wie sich Ihr Pendel bewegt.

Schließen Sie erneut die Augen, und bitten Sie Ihr Pendel, Ihnen ein Nein zu zeigen, und sehen Sie sich auch dieses an. Nun fragen Sie nach einem Unentschieden.

Falls Sie nicht gleich einen Ausschlag bekommen, entspannen Sie sich einfach. Es könnte sein, dass Sie Ihren Faden so fest halten, als ginge es um Leben und Tod. Sobald Sie den Griff lockern, wird es leichter. Üben Sie einfach ab und zu, bis Sie sich ganz leicht auf Ihr Pendel einstellen können.

Nutzen Sie Ihr Pendel immer, wenn Sie sich nicht sicher sind, ob Sie etwas tun oder lassen sollen, oder auch bei ganz alltäglichen Fragen, etwa, welche Speisen Ihnen gerade heute gut tun würden. Probieren Sie mit Ihrem Pendel herum, soviel Sie Lust haben. Achten Sie nur darauf, dass Sie wirklich klare Fragen stellen. Es lohnt sich eine Weile nachzudenken, wenn Sie nicht eine irreführende Auskunft erhalten wollen.

Pentagramm

Der fünfzackige Stern ist ein altes Schutzsymbol, ähnlich wie der Kreis oder das Kreuz. Verwenden Sie es für Rituale, um Räume energetisch zu versiegeln, zu schützen (beides mit

Steht die Spitze oben, handelt es sich um ein anziehendes Pentagramm; mit der Spitze nach unten um ein abwehrendes.

einem anziehenden Pentagramm) oder zu reinigen (mit einem abwehrenden Pentagramm).

Elementepentagramm

Wollen Sie in einem Raum nicht nur eines der Elemente stärken, sondern alle Elemente einschließlich Spirit verankern, dann wählen Sie dazu am besten ein Pentagramm. Wenn Sie sich ein Pentagramm ansehen, zeigt eine Spitze nach oben. Diese steht für das fünfte Element Spirit. Die anderen Spitzen symbolisieren die vier Elemente in derselben Reihenfolge wie in Ihrem magischen Kreis.

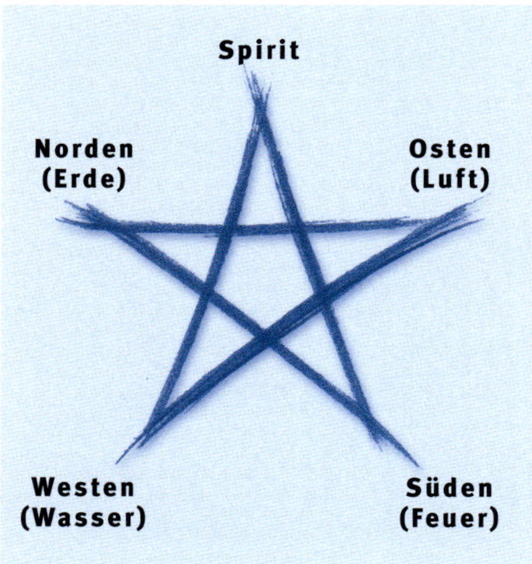

Sie können diesen fünfzackigen Stern in jedem Raum sowie im Garten verwenden, wenn Sie eine ausgeglichene Grundlage für Ihre Wohnungsenergie brauchen. Damit stärken Sie die Elemente, die Sie in Ihren Räumen für besonders wichtig erachten. Das Pentagramm richten Sie normalerweise mit der Standseite zur Tür hin aus. Sie können es großflächig für die ganze Wohnung oder das ganze Haus ausfüllen oder für jeden Raum einzeln. Zu Beginn sollten Sie jedoch nicht jeden Raum einzeln mit Energie versorgen, da Sie leicht mit den Himmelsrichtungen und den diesen zugeordneten Elementen an den Spitzen des Pentagramms durcheinander kommen. Machen Sie es sich so einfach wie möglich. Wenn Sie zu einem späteren Zeitpunkt für jeden Raum ein Energiepentagramm einrichten wollen, tun Sie das ruhig; bleiben Sie aber aufmerksam, was möglicherweise gegeneinander laufende Energien aus der Ausrichtung der Elemente betrifft.

Der Eingang der Wohnung oder eines Raumes liegt zwischen den Spitzen für Feuer (wenn Sie in den Raum hineinsehen, rechts von Ihnen) und für Wasser (diese liegt dann links von Ihrem Standpunkt).

Visualisieren

Wenn Sie visualisieren, benutzen Sie einfach Ihre Vorstellungskraft, um sich erwünschte Situationen buchstäblich vor Augen zu halten. Im Unterschied zur sonstigen Vorstellung, die Sie vielleicht in einem Tagtraum erleben, richten Sie beim Visualisieren Ihre Energie bewusst auf ein bestimmtes Ergebnis, auf ein bestimmtes Bild. Auf diese Weise kann zum Beispiel innerhalb eines Rituals ein gewünschtes Ergebnis bildlich und damit erreichbar werden.

Die Elemente

Luft

Beschreibung: Luft ist die Kraft der Bewegung, Frische, Intellekt und Intelligenz, Fliegen, Bewegung; frisch, intelligent; Geräusche und Musik sind ein Ausdruck dieses Elements.
Grundkraft: Sendet aus.
Farbe: Gelb; die Farbe der Sonne oder des Himmels bei Tagesanbruch.
Ort: Bergspitzen, windbewegte Ebenen, wolkiger Himmel, hohe Türme, Flugplätze, Schulen, Büchereien, Büros, Reiseagenturen, psychiatrische Praxen.
Bereiche für Rituale: Reisen, Unterweisung und Unterricht, Lernen, Freiheit, Wissen, das Finden verlorener Gegenstände.
Handlung im Ritual: Gegenstände in die Luft werfen, das Hinterlassen von Gegenständen an hoch gelegenen Orten, leichte Gegenstände fächeln, Visualisierung, positives Denken.
Kräuter: Alles, was duftet und stark riecht, wie zum Beispiel Dill; hauptsächlich feinblättrige Kräuter.
Steine: Alles, was leicht und durchsichtig ist; Bimsstein und Feldspat.
Metalle: Zinn, Kupfer.
Musikinstrumente: Flöten und alle Blasinstrumente.
Lebewesen: Spinnen; die meisten Vögel und fliegende Insekten.
Jahreszeit: Frühling (die Zeit der Frische).
Richtung: Osten, der Ort der aufgehenden Sonne.
Tageszeit: Sonnenaufgang.
Magisches Handwerkszeug: Räucherwerk.
Lebenszeit: Kleinkind.
Astrologische Zeichen: Zwillinge, Waage, Wassermann.
Sinne: Geruch und Hören.
Natürliche Symbole: Eine Feder, der Duft von Räucherwerk, duftende Blumen.
Besonders passende magische Handlung: Wahrsagen; etwas auf den Punkt bringen; Visualisierung, Windmagie.

Feuer

Beschreibung: Zerstörer und Lebensbringer, Wärme für Kochen, Feuer der Zerstörung; im Gegensatz zu den anderen Elementen kann es nicht existieren, ohne etwas anderes dabei aufzulösen. Der größte Wandler, Hitze, Licht, Asche, Rauch. Reinigend, zerstörerisch, energiegeladen, sexuell, vorwärts treibend. Hitze ist eine der gegenständlich wahrnehmbaren Äußerungen von Feuerenergie.
Grundkraft: Sendet aus.
Farbe: Rot; alle Farben der Flammen.
Ort: Wüsten, heiße Quellen, Vulkane, Öfen, Feuerstellen, Kamine, Schlafzimmer (in Bezug auf Leidenschaft), Umkleideräume, Saunen und Sportplätze, Anstrengung und Kraft.
Bereiche für Rituale: Schutz, Mut, Sex, Energie, Stärke, Autorität, Bannrituale.
Handlung im Ritual: Verbrennen oder verkohlen, erhitzen.
Kräuter: Stechend, dornig und heiß, wie

Disteln, Chili, Pfeffer oder Bouganvillea; Wüstenpflanzen, Kaktus; alles, was anregt, wie Kaffeebohnen; praktisch alle Samen.
Steine: Rot oder feuerfarben, wie Jasper; vulkanische wie Lava; klare wie Quarz.
Metalle: Gold, Messing.
Musikinstrumente: Gitarre und alle Saiteninstrumente.
Lebewesen: Schlange, Heuschrecke, Salamander, Biene, Skorpion, Hai, Marienkäfer.
Jahreszeit: Sommer, die Zeit der Hitze.
Richtung: Süden, die Richtung der Wärme.
Tageszeit: Mittag.
Magisches Handwerkszeug: Messer und Feuer.
Lebenszeit: Jugend.
Astrologische Zeichen: Widder, Löwe, Schütze.
Sinne: Sehen.
Natürliche Symbole: Flamme, Lava, heiße Gegenstände.
Besonders passende magische Handlung: Kerze, Stürme, die Zeit, Sterne.

Wasser

Beschreibung: Reinigend, heilend; übernatürliche Wahrnehmung; Liebe vom Herzen im Gegensatz zur Leidenschaft; fließend, reinigend, heilend, besänftigend, liebend.
Grundkraft: Zieht an.
Farbe: Blau, aus der Tiefe des Wassers.
Ort: Seen, Quellen, Wasser, Badezimmer, Dusche, Schlafzimmer (für Schlaf), Gesundheitsfarmen, Dampfbad, Springbrunnen.
Bereiche für Rituale: Reinigung, Liebe, Hellsichtigkeit, Träume, Schlaf, Frieden, Hochzeit, Freundschaft.
Handlung im Ritual: Auflösen, verdünnen, ins Wasser geben, abwaschen, baden.
Kräuter: Wasserpflanzen wie Lilien und Seegras, Seetang; fleischig und saftig, wie frischer Salat; liebend wie Rosen oder Gardenien; Blumen allgemein.
Steine: Durchsichtige oder durchscheinende, wie Amethyste und Aquamarine; blaue, wie zum Beispiel blauer Turmalin.
Metalle: Quecksilber, Silber.
Musikinstrumente: Zymbal, Glocken und alle widerhallenden Instrumente.
Lebewesen: Katze, Frosch, Schildkröte, Delphin, Wal, Otter, Seehund, die meisten Fische und Krustentiere.
Jahreszeit: Herbst, die Zeit der Ernte.
Richtung: Westen, zur untergehenden Sonne.
Tageszeit: Abenddämmerung.
Magisches Handwerkszeug: Kelch, Kessel.
Lebenszeit: Reife.
Astrologische Zeichen: Krebs, Skorpion, Fische.
Sinne: Geschmack.
Natürliche Symbole: Muscheln, ein Glas voll Wasser.
Besonders passende magische Handlung: Meer, Eis, Schnee, Nebel, Spiegel, Magnete.

Erde

Beschreibung: Reich; trägt; fruchtbar; feuchte Erde bis trockener Sand; das dichteste der Elemente. Dauerhaftigkeit, Erdigkeit, Lebensmittel; feucht, nährend, kräftigend, erdend. Schwerkraft ist die äußere Form dieses Elements.

Grundkraft: Nimmt Energie auf.
Farbe: Grün und alle andern Farben, die mit lebenden Pflanzen in Zusammenhang stehen.
Ort: Höhlen, Canyons, Erdspalten, Wald, Baumgruppen, Täler, Felder, Bauernhof, Gärten, Parks, Gewächshäuser, Märkte an der frischen Luft, Küchen, Kinderzimmer, Keller, Minen, Löcher.
Bereiche für Rituale: Geld, Reichtum, Fruchtbarkeit, Dauerhaftigkeit, Erdung, Arbeit und Anstellung.
Handlung im Ritual: Vergraben, pflanzen; Bilder aus Sand, Ton oder Erde formen.
Kräuter: Erdig duftende Pflanzen wie Vetivert oder Patchouli, Moose und Algen, Nüsse, alle trockenen und steifen Pflanzen, schwere und niedrig wachsende; allgemein Wurzeln.
Steine: Alle schweren und undurchsichtigen Steine, zum Beispiel Kohle; grüne, wie Smaragde und Peridot.
Metall: Eisen, Blei.
Musikinstrumente: Trommeln und alle anderen Schlaginstrumente.
Lebewesen: Hund, Pferd, Ameise, Kuh; alle Tiere, die in der Erde graben und leben, wie zum Beispiel der Maulwurf.
Jahreszeit: Winter, und alles, was kalt ist.
Richtung: Norden, der Ort der größten Kälte (zumindest auf der nördlichen Halbkugel; falls Sie auf der südlichen Halbkugel zu Hause sind, drehen Sie diesen Grundsatz einfach um).
Zeit: Nacht.
Magisches Handwerkszeug: Pentagramm.
Lebenszeit: Fortgeschrittenes Alter.
Astrologisches Zeichen: Stier, Jungfrau, Steinbock.
Sinn: Tasten.
Natürliche Symbole: Salz-Tonschale oder frische Erde, Steine, Kornähren, Eicheln.
Besonders passende magische Handlung: Gärtnern, Bilder malen, Knoten, Binden, Festigen, Halten.

Spirit

Beschreibung: Alle Elemente entspringen dem Spiritelement. Spirit ist der Beginn von allem; es ist alles, was noch nicht besteht, reine Energie, aller Anfang und alles Ende. Da es alles beinhaltet, trägt es alle Elemente im Gleichgewicht. Anderer Begriff: Akasha.
Grundkraft: Sendet aus und empfängt.
Farbe: Dunkles Lila oder Schwarz.
Ort: Die Leere, der Weltraum, Vakuum.
Bereiche für Rituale: Religiöse Rituale.
Handlung im Ritual: Beinhaltet alle.
Kräuter: Beinhaltet alle.
Steine: Beinhaltet alle.
Metalle: Meteorite.
Musikinstrumente: Beinhaltet alle.
Lebewesen: Alle.
Jahreszeit: Alle und doch keine.
Richtung: Alle und keine.
Tageszeit: Ewiges Sternenlicht.
Magisches Handwerkszeug: Beinhaltet alle.
Lebenszeit: Vor der Empfängnis.
Astrologisches Zeichen: Alle.
Sinne: Alle.

Natürliche Symbole: Keine bestimmten.
Besonders passende magische Handlung: Religiöse, zum Beispiel Rituale zur Ehre bestimmter Gottheiten.

Die Elemente und ihre Farben

Luft

Gelb – die Farbe des Verstandes.
Alle durchsichtigen Farben.

Feuer

Rot – alle Töne des Feuers, von Pink bis Purpur.
Orange – ebenfalls Feuerfarben.

Wasser

Blau – alle Töne des Wassers bis hin zu Türkis, Weiß, Grau.
Lila – die Farbe der Magie.

Erde

Grün – alle Blattfarben.
Braun – Holzfarben, die Farben von Tierfell.

Die Elemente und ihre Steine

Luft

Aventurin, Bimsstein, Jaspis (gefleckter).

Feuer

Tigerauge, Achat (gestreifter, schwarz, rot, braun), Bernstein, Obsidian, Onyx, Rubin, Rhodocrosit, Sardonyx, Schwefel, Topaz, Turmalin (roter), Wassermelonenturmalin, Zirkon, Quarzkristall, Diamant, Hämatit, Feuerstein, Zitrin, Karneol, Lava, Granat.

Wasser

Amethyst, Jade, Lapislazuli, Mondstein, Perlen, Saphir, Selenit, Turmalin (blau, grün, pink), Lochsteine, Geoden, Quarzkristall, Berill, Aquamarin.

Erde

Moosachat, Kalzit (grün), Chrysoprace, Kohle, Smaragd, Jaspis (braun, grün), Kunzit, Malachit, Olivine, Peridot, Salz, Stalaktiten, Stalagmiten, Turmalin (grün, schwarz), Türkis.

Spirit

Fossilien.

Die Elemente und ihre Pflanzen

Luft

Akazien, Mandel, Lavendel, Zitronengras, Eisenkraut, Majoran, Petersilie, Salbei.

Feuer

Angelika, Basilikum, Lorbeer, Nelken, Koriander, Dill, Fenchel, Knoblauch, Wacholder, Limone, Orangenblüte, Pfefferminze, Rosmarin, Rosengeranie.

Wasser

Apfelblüten, Kamille, Kampfer, Kardamom, Katzenminze, Kirsche, Eukalyptus, Holunder,

Gardenie, Heide, Hyazinthe, Iris, Jasmin, Zitrone, Flieder, Lilie, Lotus, Myrrhe, Orchideen, Passionsblume, Pfirsichblüte, Rose, Rosenholz, Duftwicken, Thymian, Vanille, Veilchen.

Erde

Farne, Je-länger-je-lieber, Magnolie, Narzisse, Primeln, Rhabarber.

Die Elemente und ihre Lebensmittel

Luft

Mandeln, Bambussprossen, Bananen, Bohnen, Oliven, Oregano, Reis, Gänseblümchen, Maronen, Chicorée, Pistazien, Pekannüsse.

Feuer

Alkohol, Artischocken, Basilikum, Gebratenes, Bier, Schwarzer Pfeffer, Karotten, Cashewnüsse, Sellerie, Chili, Schnittlauch, Zimt, Zitronen, Nelken, Kakao, Kaffee, Mais, Kumin, Dill, Fenchel, Feigen, Ingwer, Meerrettich, Lauch, Limone, Mango, Senf, Muskat, Zwiebel, Apfelsine, Ananas, Radis, Tee, Sonnenblumenkerne, Sesam, Safran, Salsa, Essig, Walnuss.

Erde

Gerste, Rote Bete, Butter, Käse, Aubergine, Ahornsirup, Pilze, Hafer, Peanuts, Kartoffeln, Roggen, Soja, Weizen, Spinat, Salz, Kürbis, Quitten.

Wasser

Apfel, Aprikose, Avocado, Blaubeeren, Brombeere, Brokkoli, Kohl, Blumenkohl, Kirsche, Kokos, Gurke, Weintraube, Grapefruit, Eiskrem, Melon, Milch, Nektarine, Salat, Erbsen, Linsen, Alles was gedünstet ist, Pfirsich, Birne, Pflaume, Mohn, Himbeere, Suppe, Erdbeere, Zucker, Süßkartoffeln, Tomate, Trüffel, Wassermelone.

Literaturhinweise

Scott Cunningham
Das große Buch von Weihrauch, Aromaölen und magischen Rezepturen, Goldmann 2001
Handbuch der Natur- und Elementarmagie, Arun 2004
Magie in der Küche, Smaragd 1993
Wicca, Integral 2002

Paul Devereux
Das Gedächtnis der Erde, At 2000
Die Seele der Erde entdecken, Econ 2001
Leys und lineare Rätsel in der Geomantie, M u. T 1991
Schamanische Traumpfade, At 2001

Marian Green
Naturmagie, J. Kamphausen 1997

Caitlin Mathews
Das große Handbuch der keltischen Weisheit, Heyne 2001
Der westliche Weg, Rowohlt 1999
Die Göttin, J. Kamphausen 1992
Keltische Segenssprüche, Urania 1996
Keltische Weisheiten, Urania 1999
Keltische Weisheitsstäbchen, Hugendubel 2002
Lexikon der keltischen Mythologie, Seehamer Vlg 1997
Schamanische Trommeln, Audio-CD, Arun 2003
Sophia, Göttin der Weisheit, Walter 1993

Rachel Pollack
Im Körper der Göttin, Hugendubel 1999

Wolf-Dieter Storl
Der Kosmos im Garten, At 2001
Heilkräuter und Zauberpflanzen, At 2000
Hexenmedizin, At 1998
Kräuterkunde, J. Kamphausen 1996
Pflanzen der Kelten, At 2000
Pflanzendevas, At 2001

und von Ulrike Ascher
Das Buch der Magie für Hexen und Zauberlehrlinge, Scherz 2002
Hexendiät, Heyne 2004
Hexen-Einmaleins für freche Frauen, Ariston 2000
Liebes-Einmaleins für freche Frauen, Hugendubel 2001
Magisches Gartenjahr, Ludwig 2003
Wohnen mit Magie, Goldmann 2002

Register

Impressum

Über die Autorin

Ulrike Ascher lebt als Journalistin, Übersetzerin und »freischaffende Hexe« in Irland. Sie ist Reiki-Meisterin, leitet schamanische Workshops und hat bereits mehrere erfolgreiche Hexenbücher verfasst.

Hinweis

Das vorliegende Buch wurde sorgfältig erarbeitet. Dennoch erfolgen alle Angaben ohne Gewähr. Weder Autor noch Verlag können für eventuelle Nachteile oder Schäden, die aus den im Buch gegebenen praktischen Hinweisen resultieren, eine Haftung übernehmen.

Impressum

Textbearbeitung und Redaktion	Claudia Hosbein
Redaktionsleitung	Karin Stuhldreier
Produktion	Angelika Kerscher
Umschlag	Jan Dirk Hansen
Layout, Grafiken, Satz/DTP	Jan Dirk Hansen, München
Druck und Bindung	Alcione, Trento

Printed in Italy

ISBN 3-7787-5164-6